最高人民法院
执行最新司法解释
适用指导与关联条文对照

中国行为法学会执行行为研究会 / 编著

中国法制出版社
CHINA LEGAL PUBLISHING HOUSE

编者按

近三年，最高人民法院加快了执行规范化建设步伐，仅2016年4月《关于落实“用两到三年时间基本解决执行难问题”的工作纲要》公布后，最高人民法院就陆续出台、修订了多部执行司法解释、规范性文件。这些规范填补了执行法律的空白，缓解了执行工作中规则供给不足的压力，取得了良好的社会效果和法律效果。

从内容来看，这些司法解释、规范性文件部分系新增内容，部分是对既有规范的修订，有些还参照了实体法的相关规定。为方便执行领域的专家学者及实务工作者查阅，中国行为法学会执行行为研究会组织编写了《最高人民法院执行最新司法解释适用指导与条文对照》一书，为《变更追加规定》《财产保全规定》《终本规定》《公布失信被执行人规定》《财产调查规定》五个新近出台的执行司法解释编写了适用指导与关联条文对照。该书作者均具有丰富的执行实践经验，参与了相关司法解释的起草、讨论和修订工作，对相关问题有着比较深入的研究。希望本书可以对广大法律工作者理解与适用上述司法解释有所帮助。

2017年9月

凡 例

为行文方便，本书中法律法规和部分规范性文件使用简称，具体如下：

本书中的法律法规使用简称，例如《中华人民共和国民法总则》简称为《民法总则》，《中华人民共和国民事诉讼法》简称为《民事诉讼法》，等等。

本书中多次出现的法律、司法解释及相关法律文件简称汇总如下：

文件名全称	文号*	简　称
《中华人民共和国民事诉讼法》	2017 年主席令第 71 号	《民事诉讼法》
《中华人民共和国行政诉讼法》	2017 年主席令第 71 号	《行政诉讼法》
《中华人民共和国仲裁法》	2009 年主席令第 18 号	《仲裁法》
《中华人民共和国民法总则》	2017 年主席令第 66 号	《民法总则》
《中华人民共和国民法通则》	1986 年主席令第 37 号	《民法通则》
《中华人民共和国物权法》	2007 年主席令第 62 号	《物权法》

* 编者注：本列所指“文号”均为该规范性文件发布时或最后一次修订、修正时的文号。

续 表

文件名全称	发文号	简 称
《中华人民共和国合同法》	1999 年主席令第 15 号	《合同法》
《中华人民共和国婚姻法》	2001 年主席令第 51 号	《婚姻法》
《中华人民共和国继承法》	1985 年主席令第 24 号	《继承法》
《中华人民共和国公司法》	2013 年主席令第 8 号	《公司法》
《中华人民共和国企业破产法》	2006 年主席令第 54 号	《破产法》
《中华人民共和国合伙企业法》	2006 年主席令第 55 号	《合伙企业法》
《中华人民共和国个人独资企业法》	1999 年主席令第 20 号	《个人独资企业法》
《中华人民共和国外资企业法》	2016 年主席令第 51 号	《外资企业法》
《中华人民共和国商业银行法》	2015 年主席令第 34 号	《商业银行法》
《中华人民共和国农民专业合作社法》	2006 年主席令第 57 号	《农民专业合作社法》
《中华人民共和国未成年人保护法》	2012 年主席令第 65 号	《未成年人保护法》
《中华人民共和国海事诉讼特别程序法》	1999 年主席令第 28 号	《海事诉讼特别程序法》

续　表

文件名全称	发文号	简　称
《中华人民共和国公司登记管理条例》	2016年国务院令第666号	《公司登记条例》
《中华人民共和国合伙企业登记管理办法》	2014年国务院令第648号	《合伙企业登记办法》
《中华人民共和国外资企业法实施细则》	2014年国务院令第648号	《外资企业法实施细则》
《个人独资企业登记管理办法》	2014年国家工商行政管理总局令第63号	《个人独资企业登记办法》
《最高人民法院关于民事执行中变更、追加当事人若干问题的规定》	法释〔2016〕21号	《变更追加规定》
《最高人民法院关于人民法院办理财产保全案件若干问题的规定》	法释〔2016〕22号	《财产保全规定》
《最高人民法院关于严格规范终结本次执行程序的规定（试行)》	法〔2016〕373号	《终本规定》
2017年《最高人民法院关于公布失信被执行人名单信息的若干规定》	法释〔2017〕7号	2017《公布失信被执行人规定》
《最高人民法院关于民事执行中财产调查若干问题的规定》	法释〔2017〕8号	《财产调查规定》

续 表

文件名全称	发文号	简 称
《最高人民法院关于适用〈中华人民共和国民事诉讼法〉的解释》	法释〔2015〕5号	《民事诉讼法解释》
《最高人民法院关于适用〈中华人民共和国民事诉讼法〉执行程序若干问题的解释》	法释〔2008〕13号	《执行程序解释》
《最高人民法院关于人民法院执行工作若干问题的规定（试行）》	法释〔1998〕15号	《执行工作规定》
《最高人民法院关于人民法院办理执行异议和复议案件若干问题的规定》	法释〔2015〕10号	《执行异议复议规定》
《最高人民法院关于执行权合理配置和科学运行的若干意见》	法发〔2011〕15号	《执行权配置和运行的意见》
《最高人民法院关于执行案件立案、结案若干问题的意见》	法发〔2014〕26号	《执行立结案意见》
《最高人民法院关于人民法院办理执行案件若干期限的规定》	法发〔2006〕35号	《执行案件期限规定》
《关于对失信被执行人实施联合惩戒的合作备忘录》	发改财金〔2016〕141号	《联合惩戒备忘录》
2013年《最高人民法院关于公布失信被执行人名单信息的若干规定》	法释〔2013〕17号	2013年《公布失信被执行人规定》

续 表

文件名全称	发文号	简 称
《最高人民法院关于认真贯彻执行〈关于公布失信被执行人名单信息的若干规定〉的通知》	法〔2013〕178 号	《公布失信名单通知》
《中共中央办公厅、国务院办公厅关于加快推进失信被执行人信用监督、警示和惩戒机制建设的意见》	2016 年	《加快推进失信被执行人信用监督、警示、惩戒意见》
《最高人民法院关于以法院专递方式邮寄送达民事诉讼文书的若干规定》	法释〔2004〕13 号	《法院专递方式送达文书规定》
《中央政法委、最高人民法院关于规范集中清理执行积案结案标准的通知》	法发〔2009〕15 号	《集中清理积案通知》
《最高人民法院关于在执行工作中规范执行行为切实保护各方当事人财产权益的通知》	法〔2016〕401 号	《切实保护当事人财产权益通知》
《最高人民法院关于人民法院民事执行中查封、扣押、冻结财产的规定》	法释〔2004〕15 号	《查、扣、冻财产规定》
《关于依法制裁规避执行行为的若干意见》	法〔2011〕195 号	《制裁规避执行意见》
《最高人民法院关于审理与企业改制相关的民事纠纷案件若干问题的规定》	法释〔2003〕1 号	《企业改制案件规定》

续 表

文件名全称	发文号	简 称
《最高人民法院关于审理劳动争议案件适用法律若干问题的解释（二）》	法释〔2006〕6号	《劳动争议解释（二）》
《最高人民法院关于贯彻执行〈中华人民共和国民法通则〉若干问题的意见（试行）》	法（办）发〔1988〕6号	《民通意见》
《最高人民法院关于贯彻执行〈中华人民共和国继承法〉若干问题的意见》	法（民）发〔1985〕22号	《继承法意见》
《最高人民法院关于适用〈中华人民共和国婚姻法〉若干问题的解释（二）》	法释〔2017〕6号	《婚姻法解释（二）》
《最高人民法院关于适用〈中华人民共和国公司法〉若干问题的规定（二）》	法释〔2014〕2号	《公司法解释（二）》
《最高人民法院关于适用〈中华人民共和国公司法〉若干问题的规定（三）》	法释〔2014〕2号	《公司法解释（三）》
《最高人民法院关于适用〈中华人民共和国企业破产法〉若干问题的规定（二）》	法释〔2013〕22号	《破产法解释（二）》
《最高人民法院关于适用〈中华人民共和国物权法〉若干问题的解释（一）》	法释〔2016〕5号	《物权法解释（一）》
《最高人民法院关于网络查询、冻结被执行人存款的规定》	法释〔2013〕20号	《网络查冻存款规定》

续表

文件名全称	发文号	简称
《最高人民法院、中国人民银行关于依法规范人民法院执行和金融机构协助执行的通知》	法发〔2000〕21号	《规范执行和金融机构协助执行的通知》
《最高人民法院、国家工商总局关于加强信息合作规范执行与协助执行的通知》	法〔2014〕251号	《与工商总局加强信息合作的通知》
《最高人民法院、公安部关于建立快速查询信息共享及网络执行查控协作工作机制的意见》	法〔2016〕41号	《建立信息共享及网络查控机制的意见》
《最高人民法院、国土资源部、建设部关于依法规范人民法院执行和国土资源房地产管理部门协助执行若干问题的通知》	法发〔2004〕5号	《规范房地产执行与协助执行的通知》
《最高人民法院、最高人民检察院、公安部、中国证券监督管理委员会关于查询、冻结、扣划证券和证券交易结算资金有关问题的通知》	法发〔2008〕4号	《查冻扣证券及结算资金通知》
《广东省高级人民法院关于民事执行中调查、控制财产的规定(试行)》	粤高法发〔2006〕23号	《广东省高院关于民事执行中调查、控制财产的规定》
《最高人民法院关于限制被执行人高消费及有关消费的若干规定》	法释〔2015〕17号	《限制高消费规定》

续　表

文件名全称	发文号	简　称
《最高人民法院关于人民法院民事执行中拍卖、变卖财产的规定》	法释〔2004〕16号	《拍卖、变卖规定》
《最高人民法院关于执行案件移送破产审查若干问题的指导意见》	法发〔2017〕2号	《移送破产审查指导意见》
《最高人民法院关于审理涉及农村土地承包经营纠纷调解仲裁案件适用法律若干问题的解释》	法释〔2014〕1号	《农村土地承包经营纠纷解释》

目　　录

第一部分　条文全本

第二部分　适用指导与条文对照

《最高人民法院关于民事执行中变更、追加当事人若干问题的规定》适用指导与条文对照

《最高人民法院关于人民法院办理财产保全案件若干问题的规定》适用指导与条文对照

《最高人民法院关于严格规范终结本次执行程序的规定（试行）》适用指导与条文对照

《最高人民法院关于公布失信被执行人名单信息的若干规定》适用指导与条文对照

《最高人民法院关于民事执行中财产调查若干问题的规定》适用指导与条文对照

第一部分

条文全本

中华人民共和国最高人民法院公告

公　告

《最高人民法院关于民事执行中变更、追加当事人若干问题的规定》已于2016年8月29日由最高人民法院审判委员会第1691次会议通过，现予公布，自2016年12月1日起施行。

最高人民法院

2016年11月7日

最高人民法院关于民事执行中变更、追加当事人若干问题的规定

（2016 年 8 月 29 日最高人民法院审判委员会第 1691 次会议通过 2016 年 11 月 7 日最高人民法院公告公布 自 2016 年 12 月 1 日起施行 法释〔2016〕21 号）

为正确处理民事执行中变更、追加当事人问题，维护当事人、利害关系人的合法权益，根据《中华人民共和国民事诉讼法》等法律规定，结合执行实践，制定本规定。

第一条 【依申请启动及变更追加法定原则】执行过程中，申请执行人或其继承人、权利承受人可以向人民法院申请变更、追加当事人。申请符合法定条件的，人民法院应予支持。

第二条 【申请执行人死亡等情形引起的变更、追加】作为申请执行人的公民死亡或被宣告死亡，该公民的遗嘱执行人、受遗赠人、继承人或其他因该公民死亡或被宣告死亡依法承受生效法律文书确定权利的主体，申请变更、追加其为申请执行人的，人民法院应予支持。

作为申请执行人的公民被宣告失踪，该公民的财产代管人申请变更、追加其为申请执行人的，人民法院应予支持。

第三条 【申请执行人离婚时分割债权引起的变更、追加】作为申请执行人的公民离婚时，生效法律文书确定的权利全部或部分分割给其配偶，该配偶申请变更、追加其为申请执行人的，人民法院应予支持。

第四条 【申请执行人终止引起的变更、追加】作为申请执行

人的法人或其他组织终止，因该法人或其他组织终止依法承受生效法律文书确定权利的主体，申请变更、追加其为申请执行人的，人民法院应予支持。

第五条　【申请执行人合并引起的变更、追加】作为申请执行人的法人或其他组织因合并而终止，合并后存续或新设的法人、其他组织申请变更其为申请执行人的，人民法院应予支持。

第六条　【申请执行人分立引起的变更、追加】作为申请执行人的法人或其他组织分立，依分立协议约定承受生效法律文书确定权利的新设法人或其他组织，申请变更、追加其为申请执行人的，人民法院应予支持。

第七条　【清算或破产程序分配债权引起的变更、追加】作为申请执行人的法人或其他组织清算或破产时，生效法律文书确定的权利依法分配给第三人，该第三人申请变更、追加其为申请执行人的，人民法院应予支持。

第八条　【机关法人被撤销引起的变更、追加】作为申请执行人的机关法人被撤销，继续履行其职能的主体申请变更、追加其为申请执行人的，人民法院应予支持，但生效法律文书确定的权利依法应由其他主体承受的除外；没有继续履行其职能的主体，且生效法律文书确定权利的承受主体不明确，作出撤销决定的主体申请变更、追加其为申请执行人的，人民法院应予支持。

第九条　【债权转让引起的变更、追加】申请执行人将生效法律文书确定的债权依法转让给第三人，且书面认可第三人取得该债权，该第三人申请变更、追加其为申请执行人的，人民法院应予支持。

第十条　【被执行人死亡等情形引起的变更、追加】作为被执行人的公民死亡或被宣告死亡，申请执行人申请变更、追加该公民的遗嘱执行人、继承人、受遗赠人或其他因该公民死亡或被宣告死亡取得遗产的主体为被执行人，在遗产范围内承担责任的，人民法院应予支持。继承人放弃继承或受遗赠人放弃受遗赠，又无遗嘱执行人的，人民法院可以直接执行遗产。

作为被执行人的公民被宣告失踪，申请执行人申请变更该公民的财产代管人为被执行人，在代管的财产范围内承担责任的，人民法院应予支持。

第十一条　【被执行人合并引起的变更、追加】作为被执行人的法人或其他组织因合并而终止，申请执行人申请变更合并后存续或新设的法人、其他组织为被执行人的，人民法院应予支持。

第十二条　【被执行人分立引起的变更、追加】作为被执行人的法人或其他组织分立，申请执行人申请变更、追加分立后新设的法人或其他组织为被执行人，对生效法律文书确定的债务承担连带责任的，人民法院应予支持。但被执行人在分立前与申请执行人就债务清偿达成的书面协议另有约定的除外。

第十三条　【对个人独资企业投资人的变更、追加及个体工商户经营者的直接执行】作为被执行人的个人独资企业，不能清偿生效法律文书确定的债务，申请执行人申请变更、追加其投资人为被执行人的，人民法院应予支持。个人独资企业投资人作为被执行人的，人民法院可以直接执行该个人独资企业的财产。

个体工商户的字号为被执行人的，人民法院可以直接执行该字号经营者的财产。

第十四条　【对合伙企业合伙人的变更、追加】作为被执行人的合伙企业，不能清偿生效法律文书确定的债务，申请执行人申请变更、追加普通合伙人为被执行人的，人民法院应予支持。

作为被执行人的有限合伙企业，财产不足以清偿生效法律文书确定的债务，申请执行人申请变更、追加未按期足额缴纳出资的有限合伙人为被执行人，在未足额缴纳出资的范围内承担责任的，人民法院应予支持。

第十五条　【对法人分支机构的变更、追加与直接执行】作为被执行人的法人分支机构，不能清偿生效法律文书确定的债务，申请执行人申请变更、追加该法人为被执行人的，人民法院应予支持。法人直接管理的责任财产仍不能清偿债务的，人民法院可以直接执行该法人其他分支机构的财产。

作为被执行人的法人，直接管理的责任财产不能清偿生效法律文书确定债务的，人民法院可以直接执行该法人分支机构的财产。

第十六条　【其他组织变更、追加的兜底规定】个人独资企业、合伙企业、法人分支机构以外的其他组织作为被执行人，不能清偿生效法律文书确定的债务，申请执行人申请变更、追加依法对该其他组织的债务承担责任的主体为被执行人的，人民法院应予支持。

第十七条　【对未出资的股东、出资人、发起人的变更、追加】作为被执行人的企业法人，财产不足以清偿生效法律文书确定的债务，申请执行人申请变更、追加未缴纳或未足额缴纳出资的股东、出资人或依公司法规定对该出资承担连带责任的发起人为被执行人，在尚未缴纳出资的范围内依法承担责任的，人民法院应予支持。

第十八条　【对抽逃出资股东、出资人的变更、追加】作为被执行人的企业法人，财产不足以清偿生效法律文书确定的债务，申请执行人申请变更、追加抽逃出资的股东、出资人为被执行人，在抽逃出资的范围内承担责任的，人民法院应予支持。

第十九条　【瑕疵股权转让引起的变更、追加】作为被执行人的公司，财产不足以清偿生效法律文书确定的债务，其股东未依法履行出资义务即转让股权，申请执行人申请变更、追加该原股东或依公司法规定对该出资承担连带责任的发起人为被执行人，在未依法出资的范围内承担责任的，人民法院应予支持。

第二十条　【对一人公司股东的变更、追加】作为被执行人的一人有限责任公司，财产不足以清偿生效法律文书确定的债务，股东不能证明公司财产独立于自己的财产，申请执行人申请变更、追加该股东为被执行人，对公司债务承担连带责任的，人民法院应予支持。

第二十一条　【股东、出资人等无偿接受财产引起的变更、追加】作为被执行人的公司，未经清算即办理注销登记，导致公司无法进行清算，申请执行人申请变更、追加有限责任公司的股东、股份有限公司的董事和控股股东为被执行人，对公司债务承担连带清偿责任的，人民法院应予支持。

第二十二条　【被执行人未经清算被注销引起的变更、追加】作为被执行人的法人或其他组织，被注销或出现被吊销营业执照、被撤销、被责令关闭、歇业等解散事由后，其股东、出资人或主管部门无偿接受其财产，致使该被执行人无遗留财产或遗留财产不足以清偿债务，申请执行人申请变更、追加该股东、出资人或主管部门为被执行人，在接受的财产范围内承担责任的，人民法院应予支持。

第二十三条　【第三人在登记材料中承诺引起的变更、追加】作为被执行人的法人或其他组织，未经依法清算即办理注销登记，在登记机关办理注销登记时，第三人书面承诺对被执行人的债务承担清偿责任，申请执行人申请变更、追加该第三人为被执行人，在承诺范围内承担清偿责任的，人民法院应予支持。

第二十四条　【第三人自愿代履行引起的变更、追加】执行过程中，第三人向执行法院书面承诺自愿代被执行人履行生效法律文书确定的债务，申请执行人申请变更、追加该第三人为被执行人，在承诺范围内承担责任的，人民法院应予支持。

第二十五条　【第三人因接受无偿调拨引起的变更、追加】作为被执行人的法人或其他组织，财产依行政命令被无偿调拨、划转给第三人，致使该被执行人财产不足以清偿生效法律文书确定的债务，申请执行人申请变更、追加该第三人为被执行人，在接受的财产范围内承担责任的，人民法院应予支持。

第二十六条　【重复承担责任之禁止】被申请人在应承担责任范围内已承担相应责任的，人民法院不得责令其重复承担责任。

第二十七条　【当事人姓名、名称变更的处理】执行当事人的姓名或名称发生变更的，人民法院可以直接将姓名或名称变更后的主体作为执行当事人，并在法律文书中注明变更前的姓名或名称。

第二十八条　【变更、追加的申请与审查】申请人申请变更、追加执行当事人，应当向执行法院提交书面申请及相关证据材料。

除事实清楚、权利义务关系明确、争议不大的案件外，执行法院应当组成合议庭审查并公开听证。经审查，理由成立的，裁定变更、追加；理由不成立的，裁定驳回。

执行法院应当自收到书面申请之日起六十日内作出裁定。有特殊情况需要延长的，由本院院长批准。

第二十九条　【财产保全的参照适用】执行法院审查变更、追加被执行人申请期间，申请人申请对被申请人的财产采取查封、扣押、冻结措施的，执行法院应当参照民事诉讼法第一百条的规定办理。

申请执行人在申请变更、追加第三人前，向执行法院申请查封、扣押、冻结该第三人财产的，执行法院应当参照民事诉讼法第一百零一条的规定办理。

第三十条　【复议救济】被申请人、申请人或其他执行当事人对执行法院作出的变更、追加裁定或驳回申请裁定不服的，可以自裁定书送达之日起十日内向上一级人民法院申请复议，但依据本规定第三十二条的规定应当提起诉讼的除外。

第三十一条　【复议的程序规定】上一级人民法院对复议申请应当组成合议庭审查，并自收到申请之日起六十日内作出复议裁定。有特殊情况需要延长的，由本院院长批准。

被裁定变更、追加的被申请人申请复议的，复议期间，人民法院不得对其争议范围内的财产进行处分。申请人请求人民法院继续执行并提供相应担保的，人民法院可以准许。

第三十二条　【诉讼救济】被申请人或申请人对执行法院依据本规定第十四条第二款、第十七条至第二十一条规定作出的变更、追加裁定或驳回申请裁定不服的，可以自裁定书送达之日起十五日内，向执行法院提起执行异议之诉。

被申请人提起执行异议之诉的，以申请人为被告。申请人提起执行异议之诉的，以被申请人为被告。

第三十三条　【债务人不适格异议之诉】被申请人提起的执行异议之诉，人民法院经审理，按照下列情形分别处理：

（一）理由成立的，判决不得变更、追加被申请人为被执行人或者判决变更责任范围；

（二）理由不成立的，判决驳回诉讼请求。

诉讼期间，人民法院不得对被申请人争议范围内的财产进行处分。申请人请求人民法院继续执行并提供相应担保的，人民法院可以准许。

第三十四条　【许可执行之诉】申请人提起的执行异议之诉，人民法院经审理，按照下列情形分别处理：

（一）理由成立的，判决变更、追加被申请人为被执行人并承担相应责任或者判决变更责任范围；

（二）理由不成立的，判决驳回诉讼请求。

第三十五条　【溯及力的规定】本规定自2016年12月1日起施行。

本规定施行后，本院以前公布的司法解释与本规定不一致的，以本规定为准。

中华人民共和国最高人民法院公告

公　告

《最高人民法院关于人民法院办理财产保全案件若干问题的规定》已于2016年10月17日由最高人民法院审判委员会第1696次会议通过，现予公布，自2016年12月1日起施行。

最高人民法院

2016年11月7日

最高人民法院关于人民法院办理财产保全案件若干问题的规定

（2016年10月17日最高人民法院审判委员会第1696次会议通过　2016年11月7日最高人民法院公告公布自2016年12月1日起施行　法释〔2016〕22号）

为依法保护当事人、利害关系人的合法权益，规范人民法院办理财产保全案件，根据《中华人民共和国民事诉讼法》等法律规定，结合审判、执行实践，制定本规定。

第一条　【申请保全的形式要件】当事人、利害关系人申请财产保全，应当向人民法院提交申请书，并提供相关证据材料。

申请书应当载明下列事项：

（一）申请保全人与被保全人的身份、送达地址、联系方式；

（二）请求事项和所根据的事实与理由；

（三）请求保全数额或者争议标的；

（四）明确的被保全财产信息或者具体的被保全财产线索；

（五）为财产保全提供担保的财产信息或资信证明，或者不需要提供担保的理由；

（六）其他需要载明的事项。

法律文书生效后，进入执行程序前，债权人申请财产保全的，应当写明生效法律文书的制作机关、文号和主要内容，并附生效法律文书副本。

第二条　【保全职责分工】人民法院进行财产保全，由立案、审判机构作出裁定，一般应当移送执行机构实施。

第三条　【仲裁保全的特殊规定】仲裁过程中，当事人申请财产保全的，应当通过仲裁机构向人民法院提交申请书及仲裁案件受理通知书等相关材料。人民法院裁定采取保全措施或者裁定驳回申请的，应当将裁定书送达当事人，并通知仲裁机构。

第四条　【作出保全裁定和实施保全的期限】人民法院接受财产保全申请后，应当在五日内作出裁定；需要提供担保的，应当在提供担保后五日内作出裁定；裁定采取保全措施的，应当在五日内开始执行。对情况紧急的，必须在四十八小时内作出裁定；裁定采取保全措施的，应当立即开始执行。

第五条　【担保数额的限定】人民法院依照民事诉讼法第一百条规定责令申请保全人提供财产保全担保的，担保数额不超过请求保全数额的百分之三十；申请保全的财产系争议标的的，担保数额不超过争议标的价值的百分之三十。

利害关系人申请诉前财产保全的，应当提供相当于请求保全数额的担保；情况特殊的，人民法院可以酌情处理。

财产保全期间，申请保全人提供的担保不足以赔偿可能给被保全人造成的损失的，人民法院可以责令其追加相应的担保；拒不追加的，可以裁定解除或者部分解除保全。

第六条　【提供担保的条件】申请保全人或第三人为财产保全提供财产担保的，应当向人民法院出具担保书。担保书应当载明担保人、担保方式、担保范围、担保财产及其价值、担保责任承担等内容，并附相关证据材料。

第三人为财产保全提供保证担保的，应当向人民法院提交保证书。保证书应当载明保证人、保证方式、保证范围、保证责任承担等内容，并附相关证据材料。

对财产保全担保，人民法院经审查，认为违反物权法、担保法、公司法等有关法律禁止性规定的，应当责令申请保全人在指定期限内提供其他担保；逾期未提供的，裁定驳回申请。

第七条　【诉讼保全责任险】保险人以其与申请保全人签订财产保全责任险合同的方式为财产保全提供担保的，应当向人民法院出具担保书。

担保书应当载明，因申请财产保全错误，由保险人赔偿被保全人因保全所遭受的损失等内容，并附相关证据材料。

第八条　【特定金融机构独立保函担保】金融监管部门批准设立的金融机构以独立保函形式为财产保全提供担保的，人民法院应当依法准许。

第九条　【不要求提供担保的情形】当事人在诉讼中申请财产保全，有下列情形之一的，人民法院可以不要求提供担保：

（一）追索赡养费、扶养费、抚育费、抚恤金、医疗费用、劳动报酬、工伤赔偿、交通事故人身损害赔偿的；

（二）婚姻家庭纠纷案件中遭遇家庭暴力且经济困难的；

（三）人民检察院提起的公益诉讼涉及损害赔偿的；

（四）因见义勇为遭受侵害请求损害赔偿的；

（五）案件事实清楚、权利义务关系明确，发生保全错误可能性较小的；

（六）申请保全人为商业银行、保险公司等由金融监管部门批准设立的具有独立偿付债务能力的金融机构及其分支机构的。

法律文书生效后，进入执行程序前，债权人申请财产保全的，人民法院可以不要求提供担保。

第十条　【提供被保全财产信息的义务】当事人、利害关系人申请财产保全，应当向人民法院提供明确的被保全财产信息。

当事人在诉讼中申请财产保全，确因客观原因不能提供明确的被保全财产信息，但提供了具体财产线索的，人民法院可以依法裁定采取财产保全措施。

第十一条　【保全财产的查询】人民法院依照本规定第十条第二款规定作出保全裁定的，在该裁定执行过程中，申请保全人可以向已经建立网络执行查控系统的执行法院，书面申请通过该系统查询被保全人的财产。

申请保全人提出查询申请的，执行法院可以利用网络执行查控系统，对裁定保全的财产或者保全数额范围内的财产进行查询，并采取相应的查封、扣押、冻结措施。

人民法院利用网络执行查控系统未查询到可供保全财产的，应当书面告知申请保全人。

第十二条　【查询财产信息的保密要求】人民法院对查询到的被保全人财产信息，应当依法保密。除依法保全的财产外，不得泄露被保全人其他财产信息，也不得在财产保全、强制执行以外使用相关信息。

第十三条　【实现保全目的 兼顾生产经营】被保全人有多项财产可供保全的，在能够实现保全目的的情况下，人民法院应当选择对其生产经营活动影响较小的财产进行保全。

人民法院对厂房、机器设备等生产经营性财产进行保全时，指定被保全人保管的，应当允许其继续使用。

第十四条　【特殊动产的保全】被保全财产系机动车、航空器等特殊动产的，除被保全人下落不明的以外，人民法院应当责令被保全人书面报告该动产的权属和占有、使用等情况，并予以核实。

第十五条　【对超标的保全的限制】人民法院应当依据财产保全裁定采取相应的查封、扣押、冻结措施。

可供保全的土地、房屋等不动产的整体价值明显高于保全裁定载明金额的，人民法院应当对该不动产的相应价值部分采取查封、扣押、冻结措施，但该不动产在使用上不可分或者分割会严重减损其价值的除外。

对银行账户内资金采取冻结措施的，人民法院应当明确具体的冻结数额。

第十六条　【保全登记与顺位】人民法院在财产保全中采取查封、扣押、冻结措施，需要有关单位协助办理登记手续的，有关单位应当在裁定书和协助执行通知书送达后立即办理。针对同一财产有多个裁定书和协助执行通知书的，应当按照送达的时间先后办理登记手续。

第十七条　【诉前保全与诉讼保全的衔接】利害关系人申请诉前财产保全，在人民法院采取保全措施后三十日内依法提起诉讼或者申请仲裁的，诉前财产保全措施自动转为诉讼或仲裁中的保全措施；进入执行程序后，保全措施自动转为执行中的查封、扣押、冻结措施。

依前款规定，自动转为诉讼、仲裁中的保全措施或者执行中的查封、扣押、冻结措施的，期限连续计算，人民法院无需重新制作裁定书。

第十八条　【续行保全的办理】申请保全人申请续行财产保全的，应当在保全期限届满七日前向人民法院提出；逾期申请或者不申请的，自行承担不能续行保全的法律后果。

人民法院进行财产保全时，应当书面告知申请保全人明确的保全期限届满日以及前款有关申请续行保全的事项。

第十九条　【再审期间的保全】再审审查期间，债务人申请保全生效法律文书确定给付的财产的，人民法院不予受理。

再审审理期间，原生效法律文书中止执行，当事人申请财产保全的，人民法院应当受理。

第二十条　【保全期间的财产处置】财产保全期间，被保全人请求对被保全财产自行处分，人民法院经审查，认为不损害申请保全人和其他执行债权人合法权益的，可以准许，但应当监督被保全人按照合理价格在指定期限内处分，并控制相应价款。

被保全人请求对作为争议标的的被保全财产自行处分的，须经申请保全人同意。

人民法院准许被保全人自行处分被保全财产的，应当通知申请保全人；申请保全人不同意的，可以依照民事诉讼法第二百二十五条规定提出异议。

第二十一条　【保全财产移送执行】保全法院在首先采取查封、扣押、冻结措施后超过一年未对被保全财产进行处分的，除被保全财产系争议标的外，在先轮候查封、扣押、冻结的执行法院可以商请保全法院将被保全财产移送执行。但司法解释另有特别规定的，适用其规定。

保全法院与在先轮候查封、扣押、冻结的执行法院就移送被保全财产发生争议的，可以逐级报请共同的上级法院指定该财产的执行法院。

共同的上级法院应当根据被保全财产的种类及所在地、各债权数额与被保全财产价值之间的关系等案件具体情况指定执行法院，并督促其在指定期限内处分被保全财产。

第二十二条　【因担保而解除保全】财产纠纷案件，被保全人或第三人提供充分有效担保请求解除保全，人民法院应当裁定准许。被保全人请求对作为争议标的的财产解除保全的，须经申请保全人同意。

第二十三条　【依申请解除保全的情形】人民法院采取财产保全措施后，有下列情形之一的，申请保全人应当及时申请解除保全：

（一）采取诉前财产保全措施后三十日内不依法提起诉讼或者申请仲裁的；

（二）仲裁机构不予受理仲裁申请、准许撤回仲裁申请或者按撤回仲裁申请处理的；

（三）仲裁申请或者请求被仲裁裁决驳回的；

（四）其他人民法院对起诉不予受理、准许撤诉或者按撤诉处理的；

（五）起诉或者诉讼请求被其他人民法院生效裁判驳回的；

（六）申请保全人应当申请解除保全的其他情形。

人民法院收到解除保全申请后，应当在五日内裁定解除保全；对情况紧急的，必须在四十八小时内裁定解除保全。

申请保全人未及时申请人民法院解除保全，应当赔偿被保全人因财产保全所遭受的损失。

被保全人申请解除保全，人民法院经审查认为符合法律规定的，应当在本条第二款规定的期间内裁定解除保全。

第二十四条　【保全裁定的撤销与纠正】财产保全裁定执行

中，人民法院发现保全裁定的内容与被保全财产的实际情况不符的，应当予以撤销、变更或补正。

第二十五条　【对保全裁定或驳回保全裁定的复议】申请保全人、被保全人对保全裁定或者驳回申请裁定不服的，可以自裁定书送达之日起五日内向作出裁定的人民法院申请复议一次。人民法院应当自收到复议申请后十日内审查。

对保全裁定不服申请复议的，人民法院经审查，理由成立的，裁定撤销或变更；理由不成立的，裁定驳回。

对驳回申请裁定不服申请复议的，人民法院经审查，理由成立的，裁定撤销，并采取保全措施；理由不成立的，裁定驳回。

第二十六条　【对保全实施行为的异议审查】申请保全人、被保全人、利害关系人认为保全裁定实施过程中的执行行为违反法律规定提出书面异议的，人民法院应当依照民事诉讼法第二百二十五条规定审查处理。

第二十七条　【案外人异议的审查与处理】人民法院对诉讼争议标的以外的财产进行保全，案外人对保全裁定或者保全裁定实施过程中的执行行为不服，基于实体权利对被保全财产提出书面异议的，人民法院应当依照民事诉讼法第二百二十七条规定审查处理并作出裁定。案外人、申请保全人对该裁定不服的，可以自裁定送达之日起十五日内向人民法院提起执行异议之诉。

人民法院裁定案外人异议成立后，申请保全人在法律规定的期间内未提起执行异议之诉的，人民法院应当自起诉期限届满之日起七日内对该被保全财产解除保全。

第二十八条　【海事保全的特别规定】海事诉讼中，海事请求人申请海事请求保全，适用《中华人民共和国海事诉讼特别程序法》及相关司法解释。

第二十九条　【溯及力的规定】本规定自2016年12月1日起施行。

本规定施行前公布的司法解释与本规定不一致的，以本规定为准。

最高人民法院印发《关于严格规范终结本次执行程序的规定（试行）》的通知

（法〔2016〕373号）

各省、自治区、直辖市高级人民法院，解放军军事法院，新疆维吾尔自治区高级人民法院生产建设兵团分院：

现将《最高人民法院关于严格规范终结本次执行程序的规定（试行）》予以印发，请认真贯彻执行。

最高人民法院

2016年10月29日

最高人民法院关于严格规范终结本次执行程序的规定（试行）

（2016年10月29日　法〔2016〕373号）

为严格规范终结本次执行程序，维护当事人的合法权益，根据《中华人民共和国民事诉讼法》及有关司法解释的规定，结合人民法院执行工作实际，制定本规定。

第一条　【终结本次执行程序的条件】人民法院终结本次执行程序，应当同时符合下列条件：

（一）已向被执行人发出执行通知、责令被执行人报告财产；

（二）已向被执行人发出限制消费令，并将符合条件的被执行人纳入失信被执行人名单；

（三）已穷尽财产调查措施，未发现被执行人有可供执行的财产或者发现的财产不能处置；

（四）自执行案件立案之日起已超过三个月；

（五）被执行人下落不明的，已依法予以查找；被执行人或者其他人妨害执行的，已依法采取罚款、拘留等强制措施，构成犯罪的，已依法启动刑事责任追究程序。

第二条　【责令报告财产程序应达到的标准】本规定第一条第一项中的"责令被执行人报告财产"，是指应当完成下列事项：

（一）向被执行人发出报告财产令；

（二）对被执行人报告的财产情况予以核查；

（三）对逾期报告、拒绝报告或者虚假报告的被执行人或者相关人员，依法采取罚款、拘留等强制措施，构成犯罪的，依法启动刑事责任追究程序。

人民法院应当将财产报告、核实及处罚的情况记录入卷。

第三条　【穷尽财产调查措施的标准】本规定第一条第三项中的“已穷尽财产调查措施”，是指应当完成下列调查事项：

（一）对申请执行人或者其他人提供的财产线索进行核查；

（二）通过网络执行查控系统对被执行人的存款、车辆及其他交通运输工具、不动产、有价证券等财产情况进行查询；

（三）无法通过网络执行查控系统查询本款第二项规定的财产情况的，在被执行人住所地或者可能隐匿、转移财产所在地进行必要调查；

（四）被执行人隐匿财产、会计账簿等资料且拒不交出的，依法采取搜查措施；

（五）经申请执行人申请，根据案件实际情况，依法采取审计调查、公告悬赏等调查措施；

（六）法律、司法解释规定的其他财产调查措施。

人民法院应当将财产调查情况记录入卷。

第四条　【财产无法处置的含义】本规定第一条第三项中的“发现的财产不能处置”，包括下列情形：

（一）被执行人的财产经法定程序拍卖、变卖未成交，申请执行人不接受抵债或者依法不能交付其抵债，又不能对该财产采取强制管理等其他执行措施的；

（二）人民法院在登记机关查封的被执行人车辆、船舶等财产，未能实际扣押的。

第五条　【终本前的告知及征求意见】终结本次执行程序前，人民法院应当将案件执行情况、采取的财产调查措施、被执行人的财产情况、终结本次执行程序的依据及法律后果等信息告知申请执行人，并听取其对终结本次执行程序的意见。

人民法院应当将申请执行人的意见记录入卷。

第六条　【终本的程序规定】终结本次执行程序应当制作裁定书，载明下列内容：

（一）申请执行的债权情况；

（二）执行经过及采取的执行措施、强制措施；

（三）查明的被执行人财产情况；

（四）实现的债权情况；

（五）申请执行人享有要求被执行人继续履行债务及依法向人民法院申请恢复执行的权利，被执行人负有继续向申请执行人履行债务的义务。

终结本次执行程序裁定书送达申请执行人后，执行案件可以作结案处理。人民法院进行相关统计时，应当对以终结本次执行程序方式结案的案件与其他方式结案的案件予以区分。

终结本次执行程序裁定书应当依法在互联网上公开。

第七条　【终本的权利救济】当事人、利害关系人认为终结本次执行程序违反法律规定的，可以提出执行异议。人民法院应当依照民事诉讼法第二百二十五条的规定进行审查。

第八条　【终本不免除义务的提示】终结本次执行程序后，被执行人应当继续履行生效法律文书确定的义务。被执行人自动履行完毕的，当事人应当及时告知执行法院。

第九条　【终本后恢复执行的条件】终结本次执行程序后，申请执行人发现被执行人有可供执行财产的，可以向执行法院申请恢复执行。申请恢复执行不受申请执行时效期间的限制。执行法院核查属实的，应当恢复执行。

终结本次执行程序后的五年内，执行法院应当每六个月通过网络执行查控系统查询一次被执行人的财产，并将查询结果告知申请执行人。符合恢复执行条件的，执行法院应当及时恢复执行。

第十条　【终本后可以立即采取新执行措施的情形】终结本次执行程序后，发现被执行人有可供执行财产，不立即采取执行措施可能导致财产被转移、隐匿、出卖或者毁损的，执行法院可以依申请执行人申请或依职权立即采取查封、扣押、冻结等控制性措施。

第十一条　【终本与破产的衔接】案件符合终结本次执行程序条件，又符合移送破产审查相关规定的，执行法院应当在作出终结本次执行程序裁定的同时，将执行案件相关材料移送被执行人住所地人民法院进行破产审查。

第十二条　【终本案件信息公示】终结本次执行程序裁定书送达申请执行人以后，执行法院应当在七日内将相关案件信息录入最高人民法院建立的终结本次执行程序案件信息库，并通过该信息库统一向社会公布。

第十三条　【终本案件信息库所载信息】终结本次执行程序案件信息库记载的信息应当包括下列内容：

（一）作为被执行人的法人或者其他组织的名称、住所地、组织机构代码及其法定代表人或者负责人的姓名，作为被执行人的自然人的姓名、性别、年龄、身份证件号码和住址；

（二）生效法律文书的制作单位和文号，执行案号、立案时间、执行法院；

（三）生效法律文书确定的义务和被执行人的履行情况；

（四）人民法院认为应当记载的其他事项。

第十四条　【终本案件被执行人名单相关内容错误的更正】当事人、利害关系人认为公布的终结本次执行程序案件信息错误的，可以向执行法院申请更正。执行法院审查属实的，应当在三日内予以更正。

第十五条　【终本后的执行措施与强制措施的效力】终结本次执行程序后，人民法院已对被执行人依法采取的执行措施和强制措施继续有效。

第十六条　【终本后的续封及变更追加当事人】终结本次执行程序后，申请执行人申请延长查封、扣押、冻结期限的，人民法院应当依法办理续行查封、扣押、冻结手续。

终结本次执行程序后，当事人、利害关系人申请变更、追加执行当事人，符合法定情形的，人民法院应予支持。变更、追加被执行人后，申请执行人申请恢复执行的，人民法院应予支持。

第十七条　【终本后对妨碍执行行为的追究】终结本次执行程序后，被执行人或者其他人妨害执行的，人民法院可以依法予以罚款、拘留；构成犯罪的，依法追究刑事责任。

第十八条　【终本名单信息的删除】有下列情形之一的，人民法院应当在三日内将案件信息从终结本次执行程序案件信息库中屏蔽：

（一）生效法律文书确定的义务执行完毕的；

（二）依法裁定终结执行的；

（三）依法应予屏蔽的其他情形。

第十九条　【溯及力的规定】本规定自2016年12月1日起施行。

中华人民共和国最高人民法院公告

公　告

《最高人民法院关于修改〈最高人民法院关于公布失信被执行人名单信息的若干规定〉的决定》已于2017年1月16日由最高人民法院审判委员会第1707次会议通过，现予公布，自2017年5月1日起施行。

最高人民法院

2017年2月28日

最高人民法院关于公布失信被执行人名单信息的若干规定

（2013年7月1日最高人民法院审判委员会第1582次会议通过　根据2017年1月16日最高人民法院审判委员会第1707次会议通过的《最高人民法院关于修改〈最高人民法院关于公布失信被执行人名单信息的若干规定〉的决定》修正）

为促使被执行人自觉履行生效法律文书确定的义务，推进社会信用体系建设，根据《中华人民共和国民事诉讼法》的规定，结合人民法院工作实际，制定本规定。

第一条　【纳入失信名单的条件】被执行人未履行生效法律文书确定的义务，并具有下列情形之一的，人民法院应当将其纳入失信被执行人名单，依法对其进行信用惩戒：

（一）有履行能力而拒不履行生效法律文书确定义务的；

（二）以伪造证据、暴力、威胁等方法妨碍、抗拒执行的；

（三）以虚假诉讼、虚假仲裁或者以隐匿、转移财产等方法规避执行的；

（四）违反财产报告制度的；

（五）违反限制消费令的；

（六）无正当理由拒不履行执行和解协议的。

第二条　【纳入失信名单的期限及提前删除】被执行人具有本规定第一条第二项至第六项规定情形的，纳入失信被执行人名单的期限为二年。被执行人以暴力、威胁方法妨碍、抗拒执行情节严重或具有多项失信行为的，可以延长一至三年。

失信被执行人积极履行生效法律文书确定义务或主动纠正失信行为的，人民法院可以决定提前删除失信信息。

第三条　【不得纳入失信名单的情形】具有下列情形之一的，人民法院不得依据本规定第一条第一项的规定将被执行人纳入失信被执行人名单：

（一）提供了充分有效担保的；

（二）已被采取查封、扣押、冻结等措施的财产足以清偿生效法律文书确定债务的；

（三）被执行人履行顺序在后，对其依法不应强制执行的；

（四）其他不属于有履行能力而拒不履行生效法律文书确定义务的情形。

第四条　【未成年人保护的特别规定】被执行人为未成年人的，人民法院不得将其纳入失信被执行人名单。

第五条　【纳入失信名单的程序】人民法院向被执行人发出的执行通知中，应当载明有关纳入失信被执行人名单的风险提示等内容。

申请执行人认为被执行人具有本规定第一条规定情形之一的，可以向人民法院申请将其纳入失信被执行人名单。人民法院应当自收到申请之日起十五日内审查并作出决定。人民法院认为被执行人具有本规定第一条规定情形之一的，也可以依职权决定将其纳入失信被执行人名单。

人民法院决定将被执行人纳入失信被执行人名单的，应当制作决定书，决定书应当写明纳入失信被执行人名单的理由，有纳入期限的，应当写明纳入期限。决定书由院长签发，自作出之日起生效。决定书应当按照民事诉讼法规定的法律文书送达方式送达当事人。

第六条　【失信名单信息的内容】记载和公布的失信被执行人

名单信息应当包括：

（一）作为被执行人的法人或者其他组织的名称、统一社会信用代码（或组织机构代码）、法定代表人或者负责人姓名；

（二）作为被执行人的自然人的姓名、性别、年龄、身份证号码；

（三）生效法律文书确定的义务和被执行人的履行情况；

（四）被执行人失信行为的具体情形；

（五）执行依据的制作单位和文号、执行案号、立案时间、执行法院；

（六）人民法院认为应当记载和公布的不涉及国家秘密、商业秘密、个人隐私的其他事项。

第七条　【失信名单的推送与公布】各级人民法院应当将失信被执行人名单信息录入最高人民法院失信被执行人名单库，并通过该名单库统一向社会公布。

各级人民法院可以根据各地实际情况，将失信被执行人名单通过报纸、广播、电视、网络、法院公告栏等其他方式予以公布，并可以采取新闻发布会或者其他方式对本院及辖区法院实施失信被执行人名单制度的情况定期向社会公布。

第八条　【联合信用惩戒的规定】人民法院应当将失信被执行人名单信息，向政府相关部门、金融监管机构、金融机构、承担行政职能的事业单位及行业协会等通报，供相关单位依照法律、法规和有关规定，在政府采购、招标投标、行政审批、政府扶持、融资信贷、市场准入、资质认定等方面，对失信被执行人予以信用惩戒。

人民法院应当将失信被执行人名单信息向征信机构通报，并由征信机构在其征信系统中记录。

国家工作人员、人大代表、政协委员等被纳入失信被执行人名单的，人民法院应当将失信情况通报其所在单位和相关部门。

国家机关、事业单位、国有企业等被纳入失信被执行人名单的，人民法院应当将失信情况通报其上级单位、主管部门或者履行出资人职责的机构。

第九条　【撤销与更正失信信息】不应纳入失信被执行人名单的公民、法人或其他组织被纳入失信被执行人名单的，人民法院应当在三个工作日内撤销失信信息。

记载和公布的失信信息不准确的，人民法院应当在三个工作日内更正失信信息。

第十条　【删除失信信息的情形】具有下列情形之一的，人民法院应当在三个工作日内删除失信信息：

（一）被执行人已履行生效法律文书确定的义务或人民法院已执行完毕的；

（二）当事人达成执行和解协议且已履行完毕的；

（三）申请执行人书面申请删除失信信息，人民法院审查同意的；

（四）终结本次执行程序后，通过网络执行查控系统查询被执行人财产两次以上，未发现有可供执行财产，且申请执行人或者其他人未提供有效财产线索的；

（五）因审判监督或破产程序，人民法院依法裁定对失信被执行人中止执行的；

（六）人民法院依法裁定不予执行的；

（七）人民法院依法裁定终结执行的。

有纳入期限的，不适用前款规定。纳入期限届满后三个工作日内，人民法院应当删除失信信息。

依照本条第一款规定删除失信信息后，被执行人具有本规定第一条规定情形之一的，人民法院可以重新将其纳入失信被执行人名单。

依照本条第一款第三项规定删除失信信息后六个月内，申请执行人申请将该被执行人纳入失信被执行人名单的，人民法院不予支持。

第十一条　【申请执行人的纠正权】被纳入失信被执行人名单的公民、法人或其他组织认为有下列情形之一的，可以向执行法院申请纠正：

（一）不应将其纳入失信被执行人名单的；

（二）记载和公布的失信信息不准确的；

（三）失信信息应予删除的。

第十二条　【纠正的程序与救济】公民、法人或其他组织对被纳入失信被执行人名单申请纠正的，执行法院应当自收到书面纠正申请之日起十五日内审查，理由成立的，应当在三个工作日内纠正；理由不成立的，决定驳回。公民、法人或其他组织对驳回决定不服的，可以自决定书送达之日起十日内向上一级人民法院申请复议。上一级人民法院应当自收到复议申请之日起十五日内作出决定。

复议期间，不停止原决定的执行。

第十三条　【法院工作人员的责任】人民法院工作人员违反本规定公布、撤销、更正、删除失信信息的，参照有关规定追究责任。

中华人民共和国最高人民法院公告

公　告

《最高人民法院关于民事执行中财产调查若干问题的规定》已于2017年1月25日由最高人民法院审判委员会第1708次会议通过，现予公布，自2017年5月1日起施行。

最高人民法院

2017年2月28日

最高人民法院关于民事执行中财产调查若干问题的规定

（2017年1月25日最高人民法院审判委员会第1708次会议通过　2017年2月28日最高人民法院公告公布　自2017年5月1日起施行　法释〔2017〕8号）

为规范民事执行财产调查，维护当事人及利害关系人的合法权益，根据《中华人民共和国民事诉讼法》等法律的规定，结合执行实践，制定本规定。

第一条　【财产查明的途径】执行过程中，申请执行人应当提供被执行人的财产线索；被执行人应当如实报告财产；人民法院应当通过网络执行查控系统进行调查，根据案件需要应当通过其他方式进行调查的，同时采取其他调查方式。

第二条　【申请执行人提供财产线索】申请执行人提供被执行人财产线索，应当填写财产调查表。财产线索明确、具体的，人民法院应当在七日内调查核实；情况紧急的，应当在三日内调查核实。财产线索确实的，人民法院应当及时采取相应的执行措施。

申请执行人确因客观原因无法自行查明财产的，可以申请人民法院调查。

第三条　【财产报告制度启动及报告义务人】人民法院依申请执行人的申请或依职权责令被执行人报告财产情况的，应当向其发出报告财产令。金钱债权执行中，报告财产令应当与执行通知同时发出。

人民法院根据案件需要再次责令被执行人报告财产情况的，应当重新向其发出报告财产令。

第四条　【报告财产令的内容】报告财产令应当载明下列事项：

（一）提交财产报告的期限；

（二）报告财产的范围、期间；

（三）补充报告财产的条件及期间；

（四）违反报告财产义务应承担的法律责任；

（五）人民法院认为有必要载明的其他事项。

报告财产令应附财产调查表，被执行人必须按照要求逐项填写。

第五条　【财产报告范围】被执行人应当在报告财产令载明的期限内向人民法院书面报告下列财产情况：

（一）收入、银行存款、现金、理财产品、有价证券；

（二）土地使用权、房屋等不动产；

（三）交通运输工具、机器设备、产品、原材料等动产；

（四）债权、股权、投资权益、基金份额、信托受益权、知识产权等财产性权利；

（五）其他应当报告的财产。

被执行人的财产已出租、已设立担保物权等权利负担，或者存在共有、权属争议等情形的，应当一并报告；被执行人的动产由第三人占有，被执行人的不动产、特定动产、其他财产权等登记在第三人名下的，也应当一并报告。

被执行人在报告财产令载明的期限内提交书面报告确有困难的，可以向人民法院书面申请延长期限；申请有正当理由的，人民法院可以适当延长。

第六条　【财产报告期间】被执行人自收到执行通知之日前一年至提交书面财产报告之日，其财产情况发生下列变动的，应当将变动情况一并报告：

（一）转让、出租财产的；

（二）在财产上设立担保物权等权利负担的；

（三）放弃债权或延长债权清偿期的；

（四）支出大额资金的；

（五）其他影响生效法律文书确定债权实现的财产变动。

第七条　【补充报告财产义务】被执行人报告财产后，其财产情况发生变动，影响申请执行人债权实现的，应当自财产变动之日起十日内向人民法院补充报告。

第八条　【财产报告的核实程序】对被执行人报告的财产情况，人民法院应当及时调查核实，必要时可以组织当事人进行听证。

申请执行人申请查询被执行人报告的财产情况的，人民法院应当准许。申请执行人及其代理人对查询过程中知悉的信息应当保密。

第九条　【不履行报告义务的法律责任】被执行人拒绝报告、虚假报告或者无正当理由逾期报告财产情况的，人民法院可以根据情节轻重对被执行人或者其法定代理人予以罚款、拘留；构成犯罪的，依法追究刑事责任。

人民法院对有前款规定行为之一的单位，可以对其主要负责人或者直接责任人员予以罚款、拘留；构成犯罪的，依法追究刑事责任。

第十条　【不履行财产报告义务的信用惩戒】被执行人拒绝报告、虚假报告或者无正当理由逾期报告财产情况的，人民法院应当依照相关规定将其纳入失信被执行人名单。

第十一条　【报告程序终结】有下列情形之一的，财产报告程序终结：

（一）被执行人履行完毕生效法律文书确定义务的；

（二）人民法院裁定终结执行的；

（三）人民法院裁定不予执行的；

（四）人民法院认为财产报告程序应当终结的其他情形。

发出报告财产令后，人民法院裁定终结本次执行程序的，被执行人仍应依照本规定第七条的规定履行补充报告义务。

第十二条　【法院调查途径】被执行人未按执行通知履行生效

法律文书确定的义务，人民法院有权通过网络执行查控系统、现场调查等方式向被执行人、有关单位或个人调查被执行人的身份信息和财产信息，有关单位和个人应当依法协助办理。

人民法院对调查所需资料可以复制、打印、抄录、拍照或以其他方式进行提取、留存。

申请执行人申请查询人民法院调查的财产信息的，人民法院可以根据案件需要决定是否准许。申请执行人及其代理人对查询过程中知悉的信息应当保密。

第十三条　【电子化查询效力】人民法院通过网络执行查控系统进行调查，与现场调查具有同等法律效力。

人民法院调查过程中作出的电子法律文书与纸质法律文书具有同等法律效力；协助执行单位反馈的电子查询结果与纸质反馈结果具有同等法律效力。

第十四条　【关于搜查的一般规定】被执行人隐匿财产、会计账簿等资料拒不交出的，人民法院可以依法采取搜查措施。

人民法院依法搜查时，对被执行人可能隐匿财产或者资料的处所、箱柜等，经责令被执行人开启而拒不配合的，可以强制开启。

第十五条　【关于财产调查中传唤、拘传的一般规定】为查明被执行人的财产情况和履行义务的能力，可以传唤被执行人或被执行人的法定代表人、负责人、实际控制人、直接责任人员到人民法院接受调查询问。

对必须接受调查询问的被执行人、被执行人的法定代表人、负责人或者实际控制人，经依法传唤无正当理由拒不到场的，人民法院可以拘传其到场；上述人员下落不明的，人民法院可以依照相关规定通知有关单位协助查找。

第十六条　【特定动产的调查】人民法院对已经办理查封登记手续的被执行人机动车、船舶、航空器等特定动产未能实际扣押的，可以依照相关规定通知有关单位协助查找。

第十七条　【审计调查的启动】作为被执行人的法人或其他组织不履行生效法律文书确定的义务，申请执行人认为其有拒绝报告、虚假报告财产情况，隐匿、转移财产等逃避债务情形或者其股东、出资人有出资不实、抽逃出资等情形的，可以书面申请人民法院委托审计机构对该被执行人进行审计。人民法院应当自收到书面申请之日起十日内决定是否准许。

第十八条　【审计机构的确定与审计资料的提取】人民法院决定审计的，应当随机确定具备资格的审计机构，并责令被执行人提交会计凭证、会计账簿、财务会计报告等与审计事项有关的资料。

被执行人隐匿审计资料的，人民法院可以依法采取搜查措施。

第十九条　【不提交审计资料或其他不协助行为的法律责任】被执行人拒不提供、转移、隐匿、伪造、篡改、毁弃审计资料，阻挠审计人员查看业务现场或者有其他妨碍审计调查行为的，人民法院可以根据情节轻重对被执行人或其主要负责人、直接责任人员予以罚款、拘留；构成犯罪的，依法追究刑事责任。

第二十条　【审计费用的负担】审计费用由提出审计申请的申请执行人预交。被执行人存在拒绝报告或虚假报告财产情况，隐匿、转移财产或者其他逃避债务情形的，审计费用由被执行人承担；未发现被执行人存在上述情形的，审计费用由申请执行人承担。

第二十一条　【公告悬赏制度】被执行人不履行生效法律文书确定的义务，申请执行人可以向人民法院书面申请发布悬赏公告查找可供执行的财产。申请书应当载明下列事项：

（一）悬赏金的数额或计算方法；

（二）有关人员提供人民法院尚未掌握的财产线索，使该申请执行人的债权得以全部或部分实现时，自愿支付悬赏金的承诺；

（三）悬赏公告的发布方式；

（四）其他需要载明的事项。

人民法院应当自收到书面申请之日起十日内决定是否准许。

第二十二条　【悬赏公告的内容与发布】人民法院决定悬赏查找财产的，应当制作悬赏公告。悬赏公告应当载明悬赏金的数额或计算方法、领取条件等内容。

悬赏公告应当在全国法院执行悬赏公告平台、法院微博或微信等媒体平台发布，也可以在执行法院公告栏或被执行人住所地、经常居住地等处张贴。申请执行人申请在其他媒体平台发布，并自愿承担发布费用的，人民法院应当准许。

第二十三条　【财产线索的登记与保密】悬赏公告发布后，有关人员向人民法院提供财产线索的，人民法院应当对有关人员的身份信息和财产线索进行登记；两人以上提供相同财产线索的，应当按照提供线索的先后顺序登记。

人民法院对有关人员的身份信息和财产线索应当保密，但为发放悬赏金需要告知申请执行人的除外。

第二十四条　【悬赏金的领取】有关人员提供人民法院尚未掌握的财产线索，使申请发布悬赏公告的申请执行人的债权得以全部或部分实现的，人民法院应当按照悬赏公告发放悬赏金。

悬赏金从前款规定的申请执行人应得的执行款中予以扣减。特定物交付执行或者存在其他无法扣减情形的，悬赏金由该申请执行人另行支付。

有关人员为申请执行人的代理人、有义务向人民法院提供财产线索的人员或者存在其他不应发放悬赏金情形的，不予发放。

第二十五条　【执行人员的保密义务】执行人员不得调查与执行案件无关的信息，对调查过程中知悉的国家秘密、商业秘密和个人隐私应当保密。

第二十六条　【溯及力的规定】本规定自 2017 年 5 月 1 日起施行。

本规定施行后，本院以前公布的司法解释与本规定不一致的，以本规定为准。

第二部分

适用指导与条文对照

《最高人民法院关于民事执行中变更、追加当事人若干问题的规定》

适用指导与条文对照

变更追加规定	相关规定
为正确处理民事执行中变更、追加当事人问题，维护当事人、利害关系人的合法权益，根据《中华人民共和国民事诉讼法》等法律规定，结合执行实践，制定本规定。	**《民事诉讼法》** **第二百三十二条** 作为被执行人的公民死亡的，以其遗产偿还债务。作为被执行人的法人或者其他组织终止的，由其权利义务承受人履行义务。
第一条 【依申请启动及变更追加法定原则】执行过程中，申请执行人或其继承人、权利承受人可以向人民法院申请变更、追加当事人。申请符合法定条件的，人民法院应予支持。 **适用指导** 变更、追加执行当事人应当限于执行过程中，如果执行程序尚未启动或已经终结，则应先启动执行程序或者通过另行诉讼解决。但应当注意的是，终结本次执行程序后，仍可适用变更、追加程序。 申请执行人或其继承人、权利承受人可以申请变更追	**《执行工作规定》** 18. **第一款第（二）项** 人民法院受理执行案件应当符合下列条件： （2）申请执行人是生效法律文书确定的权利人或其继承人、权利承受人； **《执行权配置意见》** 21. 执行过程中依法需要变更、追加执行主体的，由执行局按照法定程序办理；应当通过另诉或者提起再审追加、变更的，由审判机构按照法定程序办理。 **《制裁规避执行意见》** 20. 依法变更追加被执行主体或者告知申请执行人另行起诉。有充分证据证明被执行人通过离婚析产、不依法清算、

变更追加规定	相关规定
加执行当事人，而被执行人没有申请变更、追加执行当事人的权利。 变更追加适用情形法定原则，除法律、司法解释规定可以变更追加的情形外，人民法院不得适用变更追加程序。	改制重组、关联交易、财产混同等方式恶意转移财产规避执行的，执行法院可以通过依法变更追加被执行人或者告知申请执行人通过诉讼程序追回被转移的财产。 **《民法总则》** **第七十五条** 设立人为设立法人从事的民事活动，其法律后果由法人承受；法人未成立的，其法律后果由设立人承受，设立人为二人以上的，享有连带债权，承担连带债务。 设立人为设立法人以自己的名义从事民事活动产生的民事责任，第三人有权选择请求法人或者设立人承担。 **《终本规定》** **第十六条第二款** 终结本次执行程序后，当事人、利害关系人申请变更、追加执行当事人，符合法定情形的，人民法院应予支持。变更、追加被执行人后，申请执行人申请恢复执行的，人民法院应予支持。

变更追加规定	相关规定
第二条　【申请执行人死亡等情形引起的变更、追加】 作为申请执行人的公民死亡或被宣告死亡，该公民的遗嘱执行人、受遗赠人、继承人或其他因该公民死亡或被宣告死亡依法承受生效法律文书确定权利的主体，申请变更、追加其为申请执行人的，人民法院应予支持。 作为申请执行人的公民被宣告失踪，该公民的财产代管人申请变更、追加其为申请执行人的，人民法院应予支持。	**《民事诉讼法》** **第二百三十二条**　作为被执行人的公民死亡的，以其遗产偿还债务。作为被执行人的法人或者其他组织终止的，由其权利义务承受人履行义务。 **第二百五十六条第一款第（三）项**　有下列情形之一的，人民法院应当裁定中止执行： （三）作为一方当事人的公民死亡，需要等待继承人继承权利或者承担义务的； **《民事诉讼法解释》** **第七十条**　在继承遗产的诉讼中，部分继承人起诉的，人民法院应通知其他继承人作为共同原告参加诉讼；被通知的继承人不愿意参加诉讼又未明确表示放弃实体权利的，人民法院仍应将其列为共同原告。 **《民法总则》** **第十三条**　自然人从出生时起到死亡时止，具有民事权利能力，依法享有民事权利，承担民事义务。

变更追加规定	相关规定
	第十五条 自然人的出生时间和死亡时间，以出生证明、死亡证明记载的时间为准；没有出生证明、死亡证明的，以户籍登记或者其他有效身份登记记载的时间为准。有其他证据足以推翻以上记载时间的，以该证据证明的时间为准。 **第四十条** 自然人下落不明满二年的，利害关系人可以向人民法院申请宣告该自然人为失踪人。 **第四十一条** 自然人下落不明的时间从其失去音讯之日起计算。战争期间下落不明的，下落不明的时间自战争结束之日或者有关机关确定的下落不明之日起计算。 **第四十二条** 失踪人的财产由其配偶、成年子女、父母或者其他愿意担任财产代管人的人代管。 代管有争议，没有前款规定的人，或者前款规定的人无代管能力的，由人民法院指定的人代管。

变更追加规定	相关规定
	第四十三条 财产代管人应当妥善管理失踪人的财产，维护其财产权益。 失踪人所欠税款、债务和应付的其他费用，由财产代管人从失踪人的财产中支付。 财产代管人因故意或者重大过失造成失踪人财产损失的，应当承担赔偿责任。 **第四十四条** 财产代管人不履行代管职责、侵害失踪人财产权益或者丧失代管能力的，失踪人的利害关系人可以向人民法院申请变更财产代管人。 财产代管人有正当理由的，可以向人民法院申请变更财产代管人。 人民法院变更财产代管人的，变更后的财产代管人有权要求原财产代管人及时移交有关财产并报告财产代管情况。 **第四十五条** 失踪人重新出现，经本人或者利害关系人申请，人民法院应当撤销失踪宣告。

变更追加规定	相关规定
	失踪人重新出现，有权要求财产代管人及时移交有关财产并报告财产代管情况。 **第四十六条** 自然人有下列情形之一的，利害关系人可以向人民法院申请宣告该自然人死亡： （一）下落不明满四年； （二）因意外事件，下落不明满二年。 因意外事件下落不明，经有关机关证明该自然人不可能生存的，申请宣告死亡不受二年时间的限制。 **第四十七条** 对同一自然人，有的利害关系人申请宣告死亡，有的利害关系人申请宣告失踪，符合本法规定的宣告死亡条件的，人民法院应当宣告死亡。 **第四十八条** 被宣告死亡的人，人民法院宣告死亡的判决作出之日视为其死亡的日期；因意外事件下落不明宣告死亡的，意外事件发生之日视为其死亡的日期。

变更追加规定	相关规定
	第四十九条 自然人被宣告死亡但是并未死亡的，不影响该自然人在被宣告死亡期间实施的民事法律行为的效力。 **第五十条** 被宣告死亡的人重新出现，经本人或者利害关系人申请，人民法院应当撤销死亡宣告。 **第五十一条** 被宣告死亡的人的婚姻关系，自死亡宣告之日起消灭。死亡宣告被撤销的，婚姻关系自撤销死亡宣告之日起自行恢复，但是其配偶再婚或者向婚姻登记机关书面声明不愿意恢复的除外。 **第五十二条** 被宣告死亡的人在被宣告死亡期间，其子女被他人依法收养的，在死亡宣告被撤销后，不得以未经本人同意为由主张收养关系无效。 **第五十三条** 被撤销死亡宣告的人有权请求依照继承法取得其财产的民事主体返还财产。无法返还的，应当给予适当补偿。

变更追加规定	相关规定
	利害关系人隐瞒真实情况，致使他人被宣告死亡取得其财产的，除应当返还财产外，还应当对由此造成的损失承担赔偿责任。 **第一百二十四条** 自然人依法享有继承权。 自然人合法的私有财产，可以依法继承。 **《民法通则》** **第九条** 公民从出生时起到死亡时止，具有民事权利能力，依法享有民事权利，承担民事义务。 **第二十条** 公民下落不明满2年的，利害关系人可以向人民法院申请宣告他为失踪人。 战争期间下落不明的，下落不明的时间从战争结束之日起计算。 **第二十一条** 失踪人的财产由他的配偶、父母、成年子女或者关系密切的其他亲属、朋友代管。代管有争议的，没有以上规定的人或者以上规定的人无能力代管的，由人民法院指定的人代管。

变更追加规定	相关规定
	失踪人所欠税款、债务和应付的其他费用，由代管人从失踪人的财产中支付。 **第二十二条** 被宣告失踪的人重新出现或者确知他的下落，经本人或者利害关系人申请，人民法院应当撤销对他的失踪宣告。 **第二十三条** 公民有下列情形之一的，利害关系人可以向人民法院申请宣告他死亡： （一）下落不明满4年的； （二）因意外事故下落不明，从事故发生之日起满2年的。 战争期间下落不明的，下落不明的时间从战争结束之日起计算。 **第二十四条** 被宣告死亡的人重新出现或者确知他没有死亡，经本人或者利害关系人申请，人民法院应当撤销对他的死亡宣告。 有民事行为能力人在被宣告死亡期间实施的民事法律行为有效。

变更追加规定	相关规定
	第二十五条 被撤销死亡宣告的人有权请求返还财产。依照继承法取得他的财产的公民或者组织，应当返还原物；原物不存在的，给予适当补偿。 **第七十六条** 公民依法享有财产继承权。 **《民通意见》** 24. 申请宣告失踪的利害关系人，包括被申请宣告失踪人的配偶、父母、子女、兄弟姐妹、祖父母、外祖父母、孙子女、外孙子女以及其他与被申请人有民事权利义务关系的人。 25. 申请宣告死亡的利害关系人的顺序是： （一）配偶； （二）父母、子女； （三）兄弟姐妹、祖父母、外祖父母、孙子女、外孙子女； （四）其他有民事权利义务关系的人。 申请撤销死亡宣告不受上列顺序限制。

变更追加规定	相关规定
	26. 下落不明是指公民离开最后居住地后没有音讯的状况。对于在台湾或者在国外，无法正常通讯联系的，不得以下落不明宣告死亡。 27. 战争期间下落不明的，申请宣告死亡的期间适用民法通则第二十三条第一款第一项的规定。 28. 民法通则第二十条第一款、第二十三条第一款第一项中的下落不明的起算时间，从公民音讯消失之次日起算。 宣告失踪的案件，由被宣告失踪人住所地的基层人民法院管辖。住所地与居住地不一致的，由最后居住地的基层人民法院管辖。 29. 宣告失踪不是宣告死亡的必经程序。公民下落不明，符合申请宣告死亡的条件，利害关系人可以不经申请宣告失踪而直接申请宣告死亡。但利害关系人只申请宣告失踪的，应当宣告失踪；同一顺序的利害关系人，有的申请宣告死亡，

变更追加规定	相关规定
	有的不同意宣告死亡，则应当宣告死亡。 30. 人民法院指定失踪人的财产代管人，应当根据有利于保护失踪人财产的原则指定。没有民法通则第二十一条规定的代管人，或者他们无能力作代管人，或者不宜作代管人的，人民法院可以指定公民或者有关组织为失踪人的财产代管人。 无民事行为能力人、限制民事行为能力人失踪的，其监护人即为财产代管人。 31. 民法通则第二十一条第二款中的“其他费用”，包括赡养费、扶养费、抚育费和因代管财产所需的管理费等必要的费用。 32. 失踪人的财产代管人拒绝支付失踪人所欠的税款、债务和其他费用，债权人提起诉讼的，人民法院应当将代管人列为被告。 失踪人的财产代管人向失踪人的债务人要求偿还债务的，可以作为原告提起诉讼。

变更追加规定	相关规定
	33. 债务人下落不明，但未被宣告失踪，债权人起诉要求清偿债务的，人民法院可以在公告传唤后缺席判决或者按中止诉讼处理。 34. 人民法院审理宣告失踪的案件，比照民事诉讼法（试行）规定的特别程序进行。 人民法院审理宣告失踪的案件，应当查清被申请宣告失踪人的财产，指定临时管理人或者采取诉讼保全措施，发出寻找失踪人的公告，公告期间为半年。公告期间届满，人民法院根据被宣告失踪人失踪的事实是否得到确认，作出宣告失踪的判决或者终结审理的裁定。如果判决宣告为失踪人，应当同时指定失踪人的财产代管人。 35. 失踪人的财产代管人以无力履行代管职责，申请变更代管人的，人民法院比照特别程序进行审理。 失踪人的财产代管人不履行代管职责或者侵犯失踪人财

变更追加规定	相关规定
	产权益的，失踪人的利害关系人可以向人民法院请求财产代管人承担民事责任。如果同时申请人民法院变更财产代管人的，变更之诉比照特别程序单独审理。 36. 被宣告死亡的人，判决宣告之日为其死亡的日期。判决书除发给申请人外，还应当在被宣告死亡的人住所地和人民法院所在地公告。 被宣告死亡和自然死亡的时间不一致的，被宣告死亡所引起的法律后果仍然有效，但自然死亡前实施的民事法律行为与被宣告死亡引起的法律后果相抵触的，则以其实施的民事法律行为为准。 37. 被宣告死亡的人与配偶的婚姻关系，自死亡宣告之日起消灭。死亡宣告被人民法院撤销，如果其配偶尚未再婚的，夫妻关系从撤销死亡宣告之日起自行恢复；如果其配偶再婚后又离婚或者再婚后配偶又死亡的，则不得认定夫妻关系自行恢复。

变更追加规定	相关规定
	38. 被宣告死亡的人在被宣告死亡期间，其子女被他人依法收养，被宣告死亡的人在死亡宣告被撤销后，仅以未经本人同意而主张收养关系无效的，一般不应准许，但收养人和被收养人同意的除外。 39. 利害关系人隐瞒真实情况使他人被宣告死亡而取得其财产的，除应返还原物及孳息外，还应对造成的损失予以赔偿。 40. 被撤销死亡宣告的人请求返还财产，其原物已被第三人合法取得的，第三人可不予返还。但依继承法取得原物的公民或者组织，应当返还原物或者给予适当补偿。 **《物权法》** **第二十九条** 因继承或者受遗赠取得物权的，自继承或者受遗赠开始时发生效力。 **《继承法》** **第二条** 继承从被继承人死亡时开始。

变更追加规定	相关规定
	第五条 继承开始后，按照法定继承办理；有遗嘱的，按照遗嘱继承或者遗赠办理；有遗赠扶养协议的，按照协议办理。 **第十四条** 对继承人以外的依靠被继承人扶养的缺乏劳动能力又没有生活来源的人，或者继承人以外的对被继承人扶养较多的人，可以分给他们适当的遗产。 **第十六条第一款** 公民可以依照本法规定立遗嘱处分个人财产，并可以指定遗嘱执行人。 **第二十五条** 继承开始后，继承人放弃继承的，应当在遗产处理前，作出放弃继承的表示。没有表示的，视为接受继承。 受遗赠人应当在知道受遗赠后两个月内，作出接受或者放弃受遗赠的表示。到期没有表示的，视为放弃受遗赠。 **第三十二条** 无人继承又无人受遗赠的遗产，归国家所有；死者生前是集体所有制组织成员的，归所在集体所有制组织所有。

变更追加规定	相关规定
	《继承法意见》 60. 继承诉讼开始后，如继承人、受遗赠人中有既不愿参加诉讼，又不表示放弃实体权利的，应追加为共同原告；已明确表示放弃继承的，不再列为当事人。 62. 遗产已被分割而未清偿债务时，如有法定继承又有遗嘱继承和遗赠的，首先由法定继承人用其所得遗产清偿债务；不足清偿时，剩余的债务由遗嘱继承人和受遗赠人按比例用所得遗产偿还；如果只有遗嘱继承和遗赠的，由遗嘱继承人和受遗赠人按比例用所得遗产偿还。
第三条　【申请执行人离婚时分割债权引起的变更、追加】作为申请执行人的公民离婚时，生效法律文书确定的权利全部或部分分割给其配偶，该配偶申请变更、追加其为申请执行人的，人民法院应予支持。	**《婚姻法》** **第三十九条**　离婚时，夫妻的共同财产由双方协议处理；协议不成时，由人民法院根据财产的具体情况，照顾子女和女方权益的原则判决。 夫或妻在家庭土地承包经营中享有的权益等，应当依法予以保护。

变更追加规定	相关规定
	《婚姻法解释（二）》 **第八条第一款** 离婚协议中关于财产分割的条款或者当事人因离婚就财产分割达成的协议，对男女双方具有法律约束力。
第四条 【申请执行人终止引起的变更、追加】 作为申请执行人的法人或其他组织终止，因该法人或其他组织终止依法承受生效法律文书确定权利的主体，申请变更、追加其为申请执行人的，人民法院应予支持。 **适用指导** 本解释第五条至第八条也属于法人或其他组织终止的情形。根据特别法优于一般法的适用规则，符合第五条至第八条规定情形的，不应适用本条。	《民法总则》 **第五十七条** 法人是具有民事权利能力和民事行为能力，依法独立享有民事权利和承担民事义务的组织。 **第五十九条** 法人的民事权利能力和民事行为能力，从法人成立时产生，到法人终止时消灭。 **第六十条** 法人以其全部财产独立承担民事责任。 **第六十八条** 有下列原因之一并依法完成清算、注销登记的，法人终止： （一）法人解散； （二）法人被宣告破产； （三）法律规定的其他原因。 法人终止，法律、行政法规规定须经有关机关批准的，依照其规定。

变更追加规定	相关规定
	第六十九条 有下列情形之一的，法人解散： （一）法人章程规定的存续期间届满或者法人章程规定的其他解散事由出现； （二）法人的权力机构决议解散； （三）因法人合并或者分立需要解散； （四）法人依法被吊销营业执照、登记证书，被责令关闭或者被撤销； （五）法律规定的其他情形。 **第一百零六条** 有下列情形之一的，非法人组织解散： （一）章程规定的存续期间届满或者章程规定的其他解散事由出现； （二）出资人或者设立人决定解散； （三）法律规定的其他情形。 **第一百零七条** 非法人组织解散的，应当依法进行清算。

变更追加规定	相关规定
	第一百零八条 非法人组织除适用本章规定外，参照适用本法第三章第一节的有关规定。 **《民法通则》** **第三十六条** 法人是具有民事权利能力和民事行为能力，依法独立享有民事权利和承担民事义务的组织。 法人的民事权利能力和民事行为能力，从法人成立时产生，到法人终止时消灭。 **第四十条** 法人终止，应当依法进行清算，停止清算范围外的活动。 **第四十五条** 企业法人由于下列原因之一终止： （一）依法被撤销； （二）解散； （三）依法宣告破产； （四）其他原因。 **第四十六条** 企业法人终止，应当向登记机关办理注销登记并公告。 **第四十七条** 企业法人解散，应当成立清算组织，进行

变更追加规定	相关规定
	清算。企业法人被撤销、被宣告破产的，应当由主管机关或者人民法院组织有关机关和有关人员成立清算组织，进行清算。 **第四十八条** 全民所有制企业法人以国家授予它经营管理的财产承担民事责任。集体所有制企业法人以企业所有的财产承担民事责任。中外合资经营企业法人、中外合作经营企业法人和外资企业法人以企业所有的财产承担民事责任，法律另有规定的除外。 **《民通意见》** 60. 清算组织是以清算企业法人债权、债务为目的而依法成立的组织。它负责对终止的企业法人的财产进行保管、清理、估价、处理和清偿。 对于涉及终止的企业法人债权、债务的民事诉讼，清算组织可以用自己的名义参加诉讼。 以逃避债务责任为目的而成立的清算组织，其实施的民事行为无效。

变更追加规定	相关规定
	《公司法》 **第一百八十六条第二款** 公司财产在分别支付清算费用、职工的工资、社会保险费用和法定补偿金，缴纳所欠税款，清偿公司债务后的剩余财产，有限责任公司按照股东的出资比例分配，股份有限公司按照股东持有的股份比例分配。 **第一百八十八条** 公司清算结束后，清算组应当制作清算报告，报股东会、股东大会或者人民法院确认，并报送公司登记机关，申请注销公司登记，公告公司终止。 《公司登记条例》 **第四十四条** 经公司登记机关注销登记，公司终止。 《合伙企业法》 **第八十九条** 合伙企业财产在支付清算费用和职工工资、社会保险费用、法定补偿金以及缴纳所欠税款、清偿债务后的剩余财产，依照本法第三十三条第一款的规定进行分配。

变更追加规定	相关规定
	《合伙企业登记办法》 **第二十四条**　经企业登记机关注销登记，合伙企业终止。 **《个人独资企业法》** **第二十六条**　个人独资企业有下列情形之一时，应当解散： （一）投资人决定解散； （二）投资人死亡或者被宣告死亡，无继承人或者继承人决定放弃继承； （三）被依法吊销营业执照； （四）法律、行政法规规定的其他情形。 **第二十七条**　个人独资企业解散，由投资人自行清算或者由债权人申请人民法院指定清算人进行清算。 投资人自行清算的，应当在清算前15日内书面通知债权人，无法通知的，应当予以公告。债权人应当在接到通知之日起30日内，未接到通知的应当在公告之日起60日内，向投资人申报其债权。

变更追加规定	相关规定
	第二十八条 个人独资企业解散后，原投资人对个人独资企业存续期间的债务仍应承担偿还责任，但债权人在5年内未向债务人提出偿债请求的，该责任消灭。 **第二十九条** 个人独资企业解散的，财产应当按照下列顺序清偿： （一）所欠职工工资和社会保险费用； （二）所欠税款； （三）其他债务。 **第三十条** 清算期间，个人独资企业不得开展与清算目的无关的经营活动。在按前条规定清偿债务前，投资人不得转移、隐匿财产。 **第三十一条** 个人独资企业财产不足以清偿债务的，投资人应当以其个人的其他财产予以清偿。 **第三十二条** 个人独资企业清算结束后，投资人或者人民法院指定的清算人应当编制清算报告，并于15日内到登记机关办理注销登记。

变更追加规定	相关规定
	《个人独资企业登记办法》 **第二十一条** 经登记机关注销登记，个人独资企业终止。 **《外资企业法》** **第二十一条** 外资企业终止，应当及时公告，按照法定程序进行清算。 在清算完结前，除为了执行清算外，外国投资者对企业财产不得处理。 **第二十二条** 外资企业终止，应当向工商行政管理机关办理注销登记手续，缴销营业执照。 **《外资企业法实施细则》** **第七十条** 外资企业有下列情形之一的，应予终止： （一）经营期限届满； （二）经营不善，严重亏损，外国投资者决定解散； （三）因自然灾害、战争等不可抗力而遭受严重损失，无法继续经营； （四）破产； （五）违反中国法律、法规，危害社会公共利益被依法撤销；

变更追加规定	相关规定
	（六）外资企业章程规定的其他解散事由已经出现。 外资企业如存在前款第（二）、（三）、（四）项所列情形，应当自行提交终止申请书，报审批机关核准。审批机关作出核准的日期为企业的终止日期。 **第七十一条** 外资企业依照本实施细则第七十条第（一）、（二）、（三）、（六）项的规定终止的，应当在终止之日起15天内对外公告并通知债权人，并在终止公告发出之日起15天内，提出清算程序、原则和清算委员会人选，报审批机关审核后进行清算。 **第七十二条** 清算委员会应当由外资企业的法定代表人、债权人代表以及有关主管机关的代表组成，并聘请中国的注册会计师、律师等参加。 清算费用从外资企业现存财产中优先支付。 **第七十三条** 清算委员会行使下列职权：

变更追加规定	相关规定
	（一）召集债权人会议； （二）接管并清理企业财产，编制资产负债表和财产目录； （三）提出财产作价和计算依据； （四）制定清算方案； （五）收回债权和清偿债务； （六）追回股东应缴而未缴的款项； （七）分配剩余财产； （八）代表外资企业起诉和应诉。 **第七十四条** 外资企业在清算结束之前，外国投资者不得将该企业的资金汇出或者携出中国境外，不得自行处理企业的财产。 外资企业清算结束，其资产净额和剩余财产超过注册资本的部分视同利润，应当依照中国税法缴纳所得税。 **第七十五条** 外资企业清算结束，应当向工商行政管理机关办理注销登记手续，缴销营业执照。

变更追加规定	相关规定
	第七十六条 外资企业清算处理财产时，在同等条件下，中国的企业或者其他经济组织有优先购买权。 **第七十七条** 外资企业依照本实施细则第七十条第（四）项的规定终止的，参照中国有关法律、法规进行清算。 外资企业依照本实施细则第七十条第（五）项的规定终止的，依照中国有关规定进行清算。
第五条 【申请执行人合并引起的变更、追加】作为申请执行人的法人或其他组织因合并而终止，合并后存续或新设的法人、其他组织申请变更其为申请执行人的，人民法院应予支持。	**《民法总则》** **第六十七条第一款** 法人合并的，其权利和义务由合并后的法人享有和承担。 **《民法通则》** **第四十四条第二款** 企业法人分立、合并，它的权利和义务由变更后的法人享有和承担。 **《公司法》** **第一百七十四条** 公司合并时，合并各方的债权、债务，应当由合并后存续的公司或者新设的公司承继。

变更追加规定	相关规定
	《合同法》 **第九十条** 当事人订立合同后合并的，由合并后的法人或者其他组织行使合同权利，履行合同义务。当事人订立合同后分立的，除债权人和债务人另有约定的以外，由分立的法人或者其他组织对合同的权利和义务享有连带债权，承担连带债务。 **《商业银行法》** **第二十五条** 商业银行的分立、合并，适用《中华人民共和国公司法》的规定。 商业银行的分立、合并，应当经国务院银行业监督管理机构审查批准。 **《农民专业合作社法》** **第四条** 农民专业合作社依照本法登记，取得法人资格。 农民专业合作社对由成员出资、公积金、国家财政直接补助、他人捐赠以及合法取得的其他资产所形成的财产，享有占有、使用和处分的权利，并以上述财产对债务承担责任。

变更追加规定	相关规定
	第三十九条 农民专业合作社合并，应当自合并决议作出之日起十日内通知债权人。合并各方的债权、债务应当由合并后存续或者新设的组织承继。 **《民办教育促进法》** **第五十三条** 民办学校的分立、合并，在进行财务清算后，由学校理事会或者董事会报审批机关批准。 申请分立、合并民办学校的，审批机关应当自受理之日起三个月内以书面形式答复；其中申请分立、合并民办高等学校的，审批机关也可以自受理之日起六个月内以书面形式答复。
第六条 【申请执行人分立引起的变更、追加】 作为申请执行人的法人或其他组织分立，依分立协议约定承受生效法律文书确定权利的新设法人或其他组织，申请变更、追加其为申请执行人的，人民法院应予支持。	**《民法总则》** **第六十七条第二款** 法人分立的，其权利和义务由分立后的法人享有连带债权，承担连带债务，但是债权人和债务人另有约定的除外。

变更追加规定	相关规定
	《民法通则》 **第四十四条第二款** 企业法人分立、合并，它的权利和义务由变更后的法人享有和承担。 《合同法》 **第九十条** 当事人订立合同后合并的，由合并后的法人或者其他组织行使合同权利，履行合同义务。当事人订立合同后分立的，除债权人和债务人另有约定的以外，由分立的法人或者其他组织对合同的权利和义务享有连带债权，承担连带债务。 《公司法》 **第一百七十五条** 公司分立，其财产作相应的分割。 公司分立，应当编制资产负债表及财产清单。公司应当自作出分立决议之日起十日内通知债权人，并于三十日内在报纸上公告。 《商业银行法》 **第二十五条** 商业银行的分立、合并，适用《中华人民共和国公司法》的规定。

变更追加规定	相关规定
	商业银行的分立、合并，应当经国务院银行业监督管理机构审查批准。 **《农民专业合作社法》** **第四十条** 农民专业合作社分立，其财产作相应的分割，并应当自分立决议作出之日起十日内通知债权人。分立前的债务由分立后的组织承担连带责任。但是，在分立前与债权人就债务清偿达成的书面协议另有约定的除外。 **《民办教育促进法》** **第五十三条** 民办学校的分立、合并，在进行财务清算后，由学校理事会或者董事会报审批机关批准。 申请分立、合并民办学校的，审批机关应当自受理之日起三个月内以书面形式答复；其中申请分立、合并民办高等学校的，审批机关也可以自受理之日起六个月内以书面形式答复。

变更追加规定	相关规定
第七条　【清算或破产程序分配债权引起的变更、追加】作为申请执行人的法人或其他组织清算或破产时，生效法律文书确定的权利依法分配给第三人，该第三人申请变更、追加其为申请执行人的，人民法院应予支持。	《民法总则》 **第七十条**　法人解散的，除合并或者分立的情形外，清算义务人应当及时组成清算组进行清算。 法人的董事、理事等执行机构或者决策机构的成员为清算义务人。法律、行政法规另有规定的，依照其规定。 清算义务人未及时履行清算义务，造成损害的，应当承担民事责任；主管机关或者利害关系人可以申请人民法院指定有关人员组成清算组进行清算。 **第七十一条**　法人的清算程序和清算组职权，依照有关法律的规定；没有规定的，参照适用公司法的有关规定。 **第七十二条**　清算期间法人存续，但是不得从事与清算无关的活动。 法人清算后的剩余财产，根据法人章程的规定或者法人权力机构的决议处理。法律另有规定的，依照其规定。

变更追加规定	相关规定
	清算结束并完成法人注销登记时，法人终止；依法不需要办理法人登记的，清算结束时，法人终止。 **第七十三条** 法人被宣告破产的，依法进行破产清算并完成法人注销登记时，法人终止。 **《民法通则》** **第四十七条** 企业法人解散，应当成立清算组织，进行清算。企业法人被撤销、被宣告破产的，应当由主管机关或者人民法院组织有关机关和有关人员成立清算组织，进行清算。 **《破产法》** **第一百一十四条** 破产财产的分配应当以货币分配方式进行。但是，债权人会议另有决议的除外。 **《民办教育促进法》** **第十条** 举办民办学校的社会组织，应当具有法人资格。 举办民办学校的个人，应当具有政治权利和完全民事行为能力。

变更追加规定	相关规定
	民办学校应当具备法人条件。 **第五十八条** 民办学校终止时，应当依法进行财务清算。 民办学校自己要求终止的，由民办学校组织清算；被审批机关依法撤销的，由审批机关组织清算；因资不抵债无法继续办学而被终止的，由人民法院组织清算。 **第五十九条** 对民办学校的财产按照下列顺序清偿： （一）应退受教育者学费、杂费和其他费用； （二）应发教职工的工资及应缴纳的社会保险费用； （三）偿还其他债务。 非营利性民办学校清偿上述债务后的剩余财产继续用于其他非营利性学校办学；营利性民办学校清偿上述债务后的剩余财产，依照公司法的有关规定处理。 **《农民专业合作社法》** **第四十一条** 农民专业合作社因下列原因解散：

变更追加规定	相关规定
	（一）章程规定的解散事由出现； （二）成员大会决议解散； （三）因合并或者分立需要解散； （四）依法被吊销营业执照或者被撤销。 因前款第一项、第二项、第四项原因解散的，应当在解散事由出现之日起十五日内由成员大会推举成员组成清算组，开始解散清算。逾期不能组成清算组的，成员、债权人可以向人民法院申请指定成员组成清算组进行清算，人民法院应当受理该申请，并及时指定成员组成清算组进行清算。 **第四十二条** 清算组自成立之日起接管农民专业合作社，负责处理与清算有关未了结业务，清理财产和债权、债务，分配清偿债务后的剩余财产，代表农民专业合作社参与诉讼、仲裁或者其他法律程序，并在清算结束时办理注销登记。

变更追加规定	相关规定
	第四十三条 清算组应当自成立之日起十日内通知农民专业合作社成员和债权人，并于六十日内在报纸上公告。债权人应当自接到通知之日起三十日内，未接到通知的自公告之日起四十五日内，向清算组申报债权。如果在规定期间内全部成员、债权人均已收到通知，免除清算组的公告义务。 债权人申报债权，应当说明债权的有关事项，并提供证明材料。清算组应当对债权进行登记。 在申报债权期间，清算组不得对债权人进行清偿。 **第四十四条** 农民专业合作社因本法第四十一条第一款的原因解散，或者人民法院受理破产申请时，不能办理成员退社手续。 **第四十五条** 清算组负责制定包括清偿农民专业合作社员工的工资及社会保险费用，清偿所欠税款和其他各项债务，以及分配剩余财产在内的清算

变更追加规定	相关规定
	方案，经成员大会通过或者申请人民法院确认后实施。 清算组发现农民专业合作社的财产不足以清偿债务的，应当依法向人民法院申请破产。 **第四十六条** 农民专业合作社接受国家财政直接补助形成的财产，在解散、破产清算时，不得作为可分配剩余资产分配给成员，处置办法由国务院规定。 **第四十七条** 清算组成员应当忠于职守，依法履行清算义务，因故意或者重大过失给农民专业合作社成员及债权人造成损失的，应当承担赔偿责任。 **第四十八条** 农民专业合作社破产适用企业破产法的有关规定。但是，破产财产在清偿破产费用和共益债务后，应当优先清偿破产前与农民成员已发生交易但尚未结清的款项。 **《事业单位登记管理暂行条例》** **第十三条** 事业单位被撤销、解散的，应当向登记管理

变更追加规定	相关规定
	机关办理注销登记或者注销备案。 　　事业单位办理注销登记前，应当在审批机关指导下成立清算组织，完成清算工作。 　　事业单位应当自清算结束之日起15日内，向登记管理机关办理注销登记。事业单位办理注销登记，应当提交撤销或者解散该事业单位的文件和清算报告；登记管理机关收缴《事业单位法人证书》和印章。
第八条　【机关法人被撤销引起的变更、追加】作为申请执行人的机关法人被撤销，继续履行其职能的主体申请变更、追加其为申请执行人的，人民法院应予支持，但生效法律文书确定的权利依法应由其他主体承受的除外；没有继续履行其职能的主体，且生效法律文书确定权利的承受主体不明确，作出撤销决定的主体申请变更、追加其为申请执行人的，人民法院应予支持。	**《行政诉讼法》** 　　**第二十六条第六款**　行政机关被撤销或者职权变更的，继续行使其职权的行政机关是被告。 　　**《民法总则》** 　　**第九十八条**　机关法人被撤销的，法人终止，其民事权利和义务由继任的机关法人享有和承担；没有继任的机关法人的，由作出撤销决定的机关法人享有和承担。

变更追加规定	相关规定
	《民法通则》 **第五十条** 有独立经费的机关从成立之日起，具有法人资格。 具备法人条件的事业单位、社会团体，依法不需要办理法人登记的，从成立之日起，具有法人资格；依法需要办理法人登记的，经核准登记，取得法人资格。
第九条 【债权转让引起的变更、追加】申请执行人将生效法律文书确定的债权依法转让给第三人，且书面认可第三人取得该债权，该第三人申请变更、追加其为申请执行人的，人民法院应予支持。 **适用指导** 本条一方面明确允许债权受让人申请变更自己为申请执行人；另一方面又设定了两个条件。首先，债权必须是依法转让。其次，申请执行人必须书面认可第三人	《民法通则》 **第九十一条** 合同一方将合同的权利、义务全部或者部分转让给第三人的，应当取得合同另一方的同意，并不得牟利。依照法律规定应当由国家批准的合同，需经原批准机关批准。但是，法律另有规定或者原合同另有约定的除外。 《合同法》 **第七十九条** 债权人可以将合同的权利全部或者部分转让给第三人，但有下列情形之一的除外：

变更追加规定	相关规定
已取得该债权。前者赋予法院一定的审查权，确保在债权转让存在违反法律、行政法规或损害第三人利益的情况下，人民法院有权依法不予变更。后者则与执行机构的形式审查原则相适应。如果申请执行人与受让人就债权转让尚存在纠纷的，人民法院对受让人的变更、追加申请不予支持。 另外，根据最高人民法院指导案例三十四号，生效法律文书确定的权利人在进入执行程序前合法转让债权的，债权受让人即权利承受人可以作为申请执行人直接申请执行，无需执行法院作出变更申请执行人的裁定。由于这种情况不涉及执行中的变更、追加，因此《规定》没有涉及，人民法院可以参照指导案例办理。	（一）根据合同性质不得转让； （二）按照当事人约定不得转让； （三）依照法律规定不得转让。 **第八十条** 债权人转让权利的，应当通知债务人。未经通知，该转让对债务人不发生效力。 债权人转让权利的通知不得撤销，但经受让人同意的除外。 **第八十一条** 债权人转让权利的，受让人取得与债权有关的从权利，但该从权利专属于债权人自身的除外。 **第八十二条** 债务人接到债权转让通知后，债务人对让与人的抗辩，可以向受让人主张。 **第八十三条** 债务人接到债权转让通知时，债务人对让与人享有债权，并且债务人的债权先于转让的债权到期或者同时到期的，债务人可以向受让人主张抵销。

变更追加规定	相关规定
	《最高人民法院关于判断确定的金融不良债权多次转让人民法院能否裁定变更执行主体请示的答复》 湖北省高级人民法院： 你院鄂高法〔2009〕21号请示收悉。经研究，答复如下： 《最高人民法院关于人民法院执行若干问题的规定（试行）》，已经对申请执行人的资格以明确。其中第18条第一款规定“人民法院受理执行案件应当符合下列条件：……（2）申请执行人是生效法律文书确定的权利人或继承人、权利承受人。”该条中的“权利承受人”，包含通过债权转让的方式承受债权的人。依法从金融资产管理公司受让债权的受让人将债权再行转让给其他普通受让人的，执行法院可以依据上述规定，依债权转让协议以及受让人或者转让人的申请，裁定变更申请执行主体。 《最高人民法院关于金融资产管理公司收购、处置银行不

变更追加规定	相关规定
	良资产有关问题的补充通知》第三条，虽只就金融资产管理公司转让金融不良债权环节可以变更申请执行主体作了专门规定，但并未排除普通受让人再行转让给其他普通受让人时变更申请执行主体。此种情况下裁定变更申请执行主体，也符合该通知及其他相关文件中关于支持金融不良债权处置工作的司法政策，但对普通受让人不能适用诉讼费用减半收取和公告通知债务人等专门适用金融资产管理公司处置不良债权的特殊政策规定。 **《关于审理涉及金融不良债权转让案件工作座谈会纪要的通知》（法发〔2009〕19号）** 十、关于诉讼或执行主体的变更 会议认为，金融资产管理公司转让已经涉及诉讼、执行或者破产等程序的不良债权的，人民法院应当根据债权转让合同以及受让人或者转让人的申请，裁定变更诉讼主体或者执

变更追加规定	相关规定
	行主体。在不良债权转让合同被认定无效后，金融资产管理公司请求变更受让人为金融资产管理公司以通过诉讼继续追索国有企业债务人的，人民法院应予支持。人民法院裁判金融不良债权转让合同无效后当事人履行相互返还义务时，应从不良债权最终受让人开始逐一与前手相互返还，直至完成第一受让人与金融资产管理公司的相互返还。后手受让人直接对金融资产管理公司主张不良债权转让合同无效并请求赔偿的，人民法院不予支持。 **《最高人民法院关于审理涉及金融资产管理公司收购、管理、处置国有银行不良贷款形成的资产的案件适用法律若干问题的规定》** 为深化金融改革，规范金融秩序，根据有关法律规定，现对人民法院审理涉及金融资产管理公司收购、管理、处置国有银行不良贷款形成的资产的案件适用法律若干问题作如下规定：

变更追加规定	相关规定
	第一条 金融资产管理公司办事处领取中国人民银行颁发的《金融机构营业许可证》，并向工商行政管理部门依法办理登记的，可以作为诉讼主体参加诉讼。 **第二条** 金融资产管理公司受让国有银行债权后，人民法院对于债权转让前原债权银行已经提起诉讼尚未审结的案件，可以根据原债权银行或者金融资产管理公司的申请将诉讼主体变更为受让债权的金融资产管理公司。 **第三条** 金融资产管理公司向债务人提起诉讼的，应当由被告人住所地人民法院管辖。 原债权银行与债务人有协议管辖约定的，如不违反法律规定，该约定继续有效。 **第四条** 人民法院对金融资产管理公司申请支付令的，应当依法受理。债务人提出异议的，依照《中华人民共和国民事诉讼法》第十七章的规定处理。

变更追加规定	相关规定
	第五条 人民法院对金融资产管理公司申请财产保全的，如金融资产管理公司与债务人之间债权债务关系明确，根据《中华人民共和国民事诉讼法》第九十二条第二款的规定，可以不要求金融资产管理公司提供担保。 **第六条** 金融资产管理公司受让国有银行债权后，原债权银行在全国或者省级有影响的报纸上发布债权转让公告或通知的，人民法院可以认定债权人履行了《中华人民共和国合同法》第八十条第一款规定的通知义务。 在案件审理中，债务人以原债权银行转让债权未履行通知义务为由进行抗辩的，人民法院可以将原债权银行传唤到庭调查债权转让事实，并责令原债权银行告知债务人债权转让的事实。 **第七条** 债务人逾期归还贷款，原借款合同约定的利息计算方法不违反法律法规规定

变更追加规定	相关规定
	的，该约定有效。没有约定或者不明的，依照中国人民银行《人民币利率管理规定》计算利息和复息。 　　**第八条**　人民法院对最高额抵押所担保的不特定债权特定后，原债权银行转让主债权的，可以认定转让债权的行为有效。 　　**第九条**　金融资产管理公司受让有抵押担保的债权后，可以依法取得对债权的抵押权，原抵押权登记继续有效。 　　**第十条**　债务人在债权转让协议，债权转让通知上签章或者签收债务催收通知的，诉讼时效中断。原债权银行在全国或者省级有影响的报纸上发布的债权转让公告或通知中，有催收债务内容的，该公告或通知可以作为诉讼时效中断证据。 　　**第十一条**　本规定所称金融资产管理公司包括其依法设立在各地的办事处。 　　**第十二条**　本规定仅适用于审理涉及金融资产管理公司

变更追加规定	相关规定
	收购、管理、处置国有银行不良贷款形成的资产的有关案件。 **《最高人民法院对〈关于贯彻执行最高人民法院“十二条”司法解释有关问题的函〉的答复》（法函〔2002〕3号）** 信达、华融、长城、东方资产管理公司： 你们于2001年10月15日发出的“信总报〔2001〕64号”关于贯彻执行最高人民法院“十二条”司法解释有关问题的函收悉。经研究，现就函中所提出问题答复如下： 依据我院《关于审理涉及金融资产管理公司收购、管理、处置国有银行不良贷款形成的资产的案件适用法律若干问题的规定》（以下简称《规定》）第十条规定，为了最大限度地保全国有资产，金融资产管理公司在全国或省级有影响的报纸上发布的有催收内容的债权转让公告或通知所构成的诉讼时效中断，可以溯及至金融资产管理公司受让原债权银行债

变更追加规定	相关规定
	权之日；金融资产管理公司对已承接的债权，可以在上述报纸上以发布催收公告的方式取得诉讼时效中断（主张权利）的证据。关于涉及资产管理公司清收不良资产的诉讼案件，其"管辖问题"应按《规定》执行。 **《最高人民法院关于金融资产管理公司收购、处置银行不良资产有关问题的补充通知》** 各省、自治区、直辖市高级人民法院，新疆维吾尔自治区高级人民法院生产建设兵团分院： 为了深化金融改革，规范金融秩序，本院先后下发了《关于审理金融资产管理公司收购、管理、处置国有银行不良贷款形成的资产的案件适用法律若干问题的规定》、《关于贯彻执行最高人民法院"十二条"司法解释有关问题的函的答复》和《关于国有金融资产管理公司处置国有商业银行不良资产案件交纳诉讼费用的通知》。最近，根据国务院关于国

变更追加规定	相关规定
	有独资商业银行股份制改革的总体部署，中国信达资产管理公司收购了中国银行、中国建设银行和交通银行剥离的不良资产。为了维护金融资产安全，降低不良资产处置成本，现将审理金融资产管理公司在收购、处置不良资产发生的纠纷案件的有关问题补充通知如下： 一、国有商业银行（包括国有控股银行）向金融资产管理公司转让不良贷款，或者金融资产管理公司受让不良贷款后，通过债权转让方式处置不良资产的，可以适用本院发布的上述规定。 二、国有商业银行（包括国有控股银行）向金融资产管理公司转让不良贷款，或者金融资产管理公司收购、处置不良贷款的，担保债权同时转让，无须征得担保人的同意，担保人仍应在原担保范围内对受让人继续承担担保责任。担保合同中关于合同变更需经担保人同意的约定，对债权人转让债权没有约束力。

变更追加规定	相关规定
	三、金融资产管理公司转让、处置已经涉及诉讼、执行或者破产等程序的不良债权时，人民法院应当根据债权转让协议和转让人或者受让人的申请，裁定变更诉讼或者执行主体。
第十条　【被执行人死亡等情形引起的变更、追加】作为被执行人的公民死亡或被宣告死亡，申请执行人申请变更、追加该公民的遗嘱执行人、继承人、受遗赠人或其他因该公民死亡或被宣告死亡取得遗产的主体为被执行人，在遗产范围内承担责任的，人民法院应予支持。继承人放弃继承或受遗赠人放弃受遗赠，又无遗嘱执行人的，人民法院可以直接执行遗产。 作为被执行人的公民被宣告失踪，申请执行人申请变更该公民的财产代管人为被执行人，在代管的财产范围内承担责任的，人民法院应予支持。	**《民事诉讼法》** **第二百三十二条**　作为被执行人的公民死亡的，以其遗产偿还债务。作为被执行人的法人或者其他组织终止的，由其权利义务承受人履行义务。 **《民事诉讼法解释》** **第四百七十五条**　作为被执行人的公民死亡，其遗产继承人没有放弃继承的，人民法院可以裁定变更被执行人，由该继承人在遗产的范围内偿还债务。继承人放弃继承的，人民法院可以直接执行被执行人的遗产。 **《民法通则》** **第二十一条**　失踪人的财产由他的配偶、父母、成年子

变更追加规定	相关规定
	女或者关系密切的其他亲属、朋友代管。代管有争议的，没有以上规定的人或者以上规定的人无能力代管的，由人民法院指定的人代管。 　　失踪人所欠税款、债务和应付的其他费用，由代管人从失踪人的财产中支付。 　　**《继承法》** 　　**第二十五条**　继承开始后，继承人放弃继承的，应当在遗产处理前，作出放弃继承的表示。没有表示的，视为接受继承。 　　受遗赠人应当在知道受遗赠后两个月内，作出接受或者放弃受遗赠的表示。到期没有表示的，视为放弃受遗赠。 　　**第三十三条**　继承遗产应当清偿被继承人依法应当缴纳的税款和债务，缴纳税款和清偿债务以他的遗产实际价值为限。超过遗产实际价值部分，继承人自愿偿还的不在此限。

变更追加规定	相关规定
	继承人放弃继承的，对被继承人依法应当缴纳的税款和债务可以不负偿还责任。 **第三十四条** 执行遗赠不得妨碍清偿遗赠人依法应当缴纳的税款和债务。 **《继承法意见》** 61. 继承人中有缺乏劳动能力又没有生活来源的人，即使遗产不足清偿债务，也应为其保留适当遗产，然后再按继承法第三十三条和民事诉讼法第一百八十条的规定清偿债务。 62. 遗产已被分割而未清偿债务时，如有法定继承又有遗嘱继承和遗赠的，首先由法定继承人用其所得遗产清偿债务；不足清偿时，剩余的债务由遗嘱继承人和受遗赠人按比例用所得遗产偿还；如果只有遗嘱继承和遗赠的，由遗嘱继承人和受遗赠人按比例用所得遗产偿还。

变更追加规定	相关规定
第十一条　【被执行人合并引起的变更、追加】作为被执行人的法人或其他组织因合并而终止，申请执行人申请变更合并后存续或新设的法人、其他组织为被执行人的，人民法院应予支持。	**《民事诉讼法解释》** **第四百七十二条**　依照民事诉讼法第二百三十二条规定，执行中作为被执行人的法人或者其他组织分立、合并的，人民法院可以裁定变更后的法人或者其他组织为被执行人；被注销的，如果依照有关实体法的规定有权利义务承受人的，可以裁定该权利义务承受人为被执行人。 **《民法总则》** **第六十七条第一款**　法人合并的，其权利和义务由合并后的法人享有和承担。 **《民法通则》** **第四十四条第二款**　企业法人分立、合并，它的权利和义务由变更后的法人享有和承担。 **《公司法》** **第一百七十四条**　公司合并时，合并各方的债权、债务，应当由合并后存续的公司或者新设的公司承继。

变更追加规定	相关规定
	《合同法》 **第九十条** 当事人订立合同后合并的，由合并后的法人或者其他组织行使合同权利，履行合同义务。当事人订立合同后分立的，除债权人和债务人另有约定的以外，由分立的法人或者其他组织对合同的权利和义务享有连带债权，承担连带债务。 **《企业改制案件规定》** **第三十一条** 企业吸收合并后，被兼并企业的债务应当由兼并方承担。 **第三十二条** 企业进行吸收合并时，参照公司法的有关规定，公告通知了债权人。企业吸收合并后，债权人就被兼并企业原资产管理人（出资人）隐瞒或者遗漏的企业债务起诉兼并方的，如债权人在公告期内申报过该笔债权，兼并方在承担民事责任后，可再行向被兼并企业原资产管理人（出资人）追偿。如债权人在公告期间内未申报过该笔债权，

变更追加规定	相关规定
	则兼并方不承担民事责任。人民法院可告知债权人另行起诉被兼并企业原资产管理人（出资人）。 **第三十三条** 企业新设合并后，被兼并企业的债务由新设合并后的企业法人承担。 **第三十四条** 企业吸收合并或新设合并后，被兼并企业应当办理而未办理工商注销登记，债权人起诉被兼并企业的，人民法院应当根据企业兼并后的具体情况，告知债权人追加责任主体，并判令责任主体承担民事责任。
第十二条 【被执行人分立引起的变更、追加】作为被执行人的法人或其他组织分立，申请执行人申请变更、追加分立后新设的法人或其他组织为被执行人，对生效法律文书确定的债务承担连带责任的，人民法院应予支持。但被执行人在分立前与申请执行人就债务清偿达成的书面协议另有约定的除外。	**《民事诉讼法解释》** **第四百七十二条** 依照民事诉讼法第二百三十二条规定，执行中作为被执行人的法人或者其他组织分立、合并的，人民法院可以裁定变更后的法人或者其他组织为被执行人；被注销的，如果依照有关实体法的规定有权利义务承受人的，可以裁定该权利义务承受人为被执行人。

变更追加规定	相关规定
	《执行工作规定》 79. 被执行人按法定程序分立为两个或多个具有法人资格的企业，分立后存续的企业按照分立协议确定的比例承担债务；不符合法定程序分立的，裁定由分立后存续的企业按照其从被执行企业分得的资产占原企业总资产的比例对申请执行人承担责任。 **《民法总则》** **第六十七条第二款** 法人分立的，其权利和义务由分立后的法人享有连带债权，承担连带债务，但是债权人和债务人另有约定的除外。 **《合同法》** **第九十条** 当事人订立合同后合并的，由合并后的法人或者其他组织行使合同权利，履行合同义务。当事人订立合同后分立的，除债权人和债务人另有约定的以外，由分立的法人或者其他组织对合同的权利和义务享有连带债权，承担连带债务。

变更追加规定	相关规定
	《公司法》 **第一百七十六条** 公司分立前的债务由分立后的公司承担连带责任。但是，公司在分立前与债权人就债务清偿达成的书面协议另有约定的除外。 **《企业改制案件规定》** **第十二条** 债权人向分立后的企业主张债权，企业分立时对原企业的债务承担有约定，并经债权人认可的，按照当事人的约定处理；企业分立时对原企业债务承担没有约定或者约定不明，或者虽然有约定但债权人不予认可的，分立后的企业应当承担连带责任。 **第十三条** 分立的企业在承担连带责任后，各分立的企业间对原企业债务承担有约定的，按照约定处理；没有约定或者约定不明的，根据企业分立时的资产比例分担。

变更追加规定	相关规定
第十三条 【对个人独资企业投资人的变更、追加及个体工商户经营者的直接执行】作为被执行人的个人独资企业，不能清偿生效法律文书确定的债务，申请执行人申请变更、追加其投资人为被执行人的，人民法院应予支持。个人独资企业投资人作为被执行人的，人民法院可以直接执行该个人独资企业的财产。 个体工商户的字号为被执行人的，人民法院可以直接执行该字号经营者的财产。 **适用指导** 根据《个人独资企业法》第十七条，个人独资企业的财产归属于其投资人，属于投资人的责任财产。据此，本条第一款规定，个人独资企业投资人作为被执行人的，人民法院可以直接执行该个人独资企业的财产。	**《民事诉讼法解释》** **第五十九条** 在诉讼中，个体工商户以营业执照上登记的经营者为当事人。有字号的，以营业执照上登记的字号为当事人，但应同时注明该字号经营者的基本信息。 营业执照上登记的经营者与实际经营者不一致的，以登记的经营者和实际经营者为共同诉讼人。 **第四百七十三条** 其他组织在执行中不能履行法律文书确定的义务的，人民法院可以裁定执行对该其他组织依法承担义务的法人或者公民个人的财产。 **《执行工作规定》** 76. 被执行人为无法人资格的私营独资企业，无能力履行法律文书确定的义务的，人民法院可以裁定执行该独资企业业主的其他财产。 **《民法总则》** **第五十四条** 自然人从事工商业经营，经依法登记，为

变更追加规定	相关规定
个体工商户虽然以“户”的名义出现，但承受权利义务的并非“户”，而是自然人。个体工商户并未形成新的权利主体，只是自然人的特殊形态。因此，个体工商户的字号作为被执行人的，可以直接执行经营者的财产。	个体工商户。个体工商户可以起字号。 **第五十五条** 农村集体经济组织的成员，依法取得农村土地承包经营权，从事家庭承包经营的，为农村承包经营户。 **第五十六条** 个体工商户的债务，个人经营的，以个人财产承担；家庭经营的，以家庭财产承担；无法区分的，以家庭财产承担。 农村承包经营户的债务，以从事农村土地承包经营的农户财产承担；事实上由农户部分成员经营的，以该部分成员的财产承担。 **《民法通则》** **第二十六条** 公民在法律允许的范围内，依法经核准登记，从事工商业经营的，为个体工商户。个体工商户可以起字号。 **第二十九条** 个体工商户、农村承包经营户的债务，个人经营的，以个人财产承担；家庭经营的，以家庭财产承担。

变更追加规定	相关规定
	《民通意见》 41. 起字号的个体工商户，在民事诉讼中，应以营业执照登记的户主（业主）为诉讼当事人，在诉讼文书中注明系某字号的户主。 42. 以公民个人名义申请登记的个体工商户和个人承包的农村承包经营户，用家庭共有财产投资，或者收益的主要部分供家庭成员享用的，其债务应以家庭共有财产清偿。 43. 在夫妻关系存续期间，一方从事个体经营或者承包经营的，其收入为夫妻共有财产，债务亦应以夫妻共有财产清偿。 44. 个体工商户、农村承包经营户的债务，如以其家庭共有财产承担责任时，应当保留家庭成员的生活必需品和必要的生产工具。 **《个人独资企业法》** **第二条**　本法所称个人独资企业，是指依照本法在中国境内设立，由一个自然人投资，

变更追加规定	相关规定
	财产为投资人个人所有，投资人以其个人财产对企业债务承担无限责任的经营实体。 **第十七条** 个人独资企业投资人对本企业的财产依法享有所有权，其有关权利可以依法进行转让或继承。 **第十八条** 个人独资企业投资人在申请企业设立登记时明确以其家庭共有财产作为个人出资的，应当依法以家庭共有财产对企业债务承担无限责任。 **《个体工商户条例》** **第二条** 有经营能力的公民，依照本条例规定经工商行政管理部门登记，从事工商业经营的，为个体工商户。 个体工商户可以个人经营，也可以家庭经营。 个体工商户的合法权益受法律保护，任何单位和个人不得侵害。 **《劳动争议案件解释（二）》** **第九条** 劳动者与起有字号的个体工商户产生的劳动争

变更追加规定	相关规定
	议诉讼，人民法院应当以营业执照上登记的字号为当事人，但应同时注明该字号业主的自然情况。
第十四条　【对合伙企业合伙人的变更、追加】 作为被执行人的合伙企业，不能清偿生效法律文书确定的债务，申请执行人申请变更、追加普通合伙人为被执行人的，人民法院应予支持。 作为被执行人的有限合伙企业，财产不足以清偿生效法律文书确定的债务，申请执行人申请变更、追加未按期足额缴纳出资的有限合伙人为被执行人，在未足额缴纳出资的范围内承担责任的，人民法院应予支持。 **适用指导** 《合伙企业法》第六十五条规定，有限合伙人未按期足额缴纳出资的，应当承担补缴义务，并对其他合伙人	**《执行工作规定》** 77. 被执行人为个人合伙组织或合伙型联营企业，无能力履行生效法律文书确定的义务的，人民法院可以裁定追加该合伙组织的合伙人或参加该联营企业的法人为被执行人。 **《合伙企业法》** **第二条**　本法所称合伙企业，是指自然人、法人和其他组织依照本法在中国境内设立的普通合伙企业和有限合伙企业。 普通合伙企业由普通合伙人组成，合伙人对合伙企业债务承担无限连带责任。本法对普通合伙人承担责任的形式有特别规定的，从其规定。 有限合伙企业由普通合伙人和有限合伙人组成，普通合

变更追加规定	相关规定
承担违约责任。可见有限合伙人在出资义务方面类似股东，而与普通合伙人不同。虽然当合伙企业不能清偿债务时，债权人可以要求普通合伙人承担连带责任，但也不应否定其要求有限合伙人补足出资的权利。因此，本条第二款增加了关于变更、追加未按期足额缴纳出资有限合伙人的规定。	伙人对合伙企业债务承担无限连带责任，有限合伙人以其认缴的出资额为限对合伙企业债务承担责任。 **第三十八条** 合伙企业对其债务，应先以其全部财产进行清偿。 **第三十九条** 合伙企业不能清偿到期债务的，合伙人承担无限连带责任。 **第四十四条** 入伙的新合伙人与原合伙人享有同等权利，承担同等责任。入伙协议另有约定的，从其约定。新合伙人对入伙前合伙企业的债务承担无限连带责任。 **第五十一条** 合伙人退伙，其他合伙人应当与该退伙人按照退伙时的合伙企业财产状况进行结算，退还退伙人的财产份额。退伙人对给合伙企业造成的损失负有赔偿责任的，相应扣减其应当赔偿的数额。 退伙时有未了结的合伙企业事务的，待该事务了结后进行结算。

变更追加规定	相关规定
	第五十二条 退伙人在合伙企业中财产份额的退还办法，由合伙协议约定或者由全体合伙人决定，可以退还货币，也可以退还实物。 **第五十三条** 退伙人对基于其退伙前的原因发生的合伙企业债务，承担无限连带责任。 **第五十四条** 合伙人退伙时，合伙企业财产少于合伙企业债务的，退伙人应当依照本法第三十三条第一款的规定分担亏损。 **第八十四条** 普通合伙人转变为有限合伙人的，对其作为普通合伙人期间合伙企业发生的债务承担无限连带责任。 **第九十一条** 合伙企业注销后，原普通合伙人对合伙企业存续期间的债务仍应承担无限连带责任。

<table>
<tr><th>变更追加规定</th><th>相关规定</th></tr>
<tr><td>

第十五条　【对法人分支机构的变更、追加与直接执行】作为被执行人的法人分支机构，不能清偿生效法律文书确定的债务，申请执行人申请变更、追加该法人为被执行人的，人民法院应予支持。法人直接管理的责任财产仍不能清偿债务的，人民法院可以直接执行该法人其他分支机构的财产。

作为被执行人的法人，直接管理的责任财产不能清偿生效法律文书确定债务的，人民法院可以直接执行该法人分支机构的财产。

适用指导

删除了有关对承包或租赁企业法人分支机构的承包人或承租人予以保护的规定。

</td><td>

《执行工作规定》

78. 被执行人为企业法人的分支机构不能清偿债务时，可以裁定企业法人为被执行人。企业法人直接经营管理的财产仍不能清偿债务的，人民法院可以裁定执行该企业法人其他分支机构的财产。

若必须执行已被承包或租赁的企业法人分支机构的财产时，对承包人或承租人投入及应得的收益应依法保护。

《民法总则》

第七十四条　法人可以依法设立分支机构。法律、行政法规规定分支机构应当登记的，依照其规定。

分支机构以自己的名义从事民事活动，产生的民事责任由法人承担；也可以先以该分支机构管理的财产承担，不足以承担的，由法人承担。

《民通意见》

107. 不具有法人资格的企业法人的分支机构，以自己的名义对外签订的保证合同，一

</td></tr>
</table>

变更追加规定	相关规定
	般应当认定无效。但因此产生的财产责任，分支机构如有偿付能力的，应当自行承担；如无偿付能力的，应由企业法人承担。
第十六条　【其他组织变更、追加的兜底规定】个人独资企业、合伙企业、法人分支机构以外的其他组织作为被执行人，不能清偿生效法律文书确定的债务，申请执行人申请变更、追加依法对该其他组织的债务承担责任的主体为被执行人的，人民法院应予支持。	**《民事诉讼法解释》** **第五十二条**　民事诉讼法第四十八条规定的其他组织是指合法成立、有一定的组织机构和财产，但又不具备法人资格的组织，包括： （一）依法登记领取营业执照的个人独资企业； （二）依法登记领取营业执照的合伙企业； （三）依法登记领取我国营业执照的中外合作经营企业、外资企业； （四）依法成立的社会团体的分支机构、代表机构； （五）依法设立并领取营业执照的法人的分支机构； （六）依法设立并领取营业执照的商业银行、政策性银行和非银行金融机构的分支机构； （七）经依法登记领取营业执照的乡镇企业、街道企业；

变更追加规定	相关规定
	（八）其他符合本条规定条件的组织。 **第四百七十三条** 其他组织在执行中不能履行法律文书确定的义务的，人民法院可以裁定执行对该其他组织依法承担义务的法人或者公民个人的财产。 **《民法总则》** **第一百零二条** 非法人组织是不具有法人资格，但是能够依法以自己的名义从事民事活动的组织。 非法人组织包括个人独资企业、合伙企业、不具有法人资格的专业服务机构等。 **第一百零三条** 非法人组织应当依照法律的规定登记。 设立非法人组织，法律、行政法规规定须经有关机关批准的，依照其规定。 **第一百零四条** 非法人组织的财产不足以清偿债务的，其出资人或者设立人承担无限责任。法律另有规定的，依照其规定。

变更追加规定	相关规定
第十七条【对未出资的股东、出资人、发起人的变更、追加】 作为被执行人的企业法人，财产不足以清偿生效法律文书确定的债务，申请执行人申请变更、追加未缴纳或未足额缴纳出资的股东、出资人或依公司法规定对该出资承担连带责任的发起人为被执行人，在尚未缴纳出资的范围内依法承担责任的，人民法院应予支持。 **适用指导** 相比《执行工作规定》第八十条，本条根据《公司法》第三十条、《公司法解释（三）》第十三条第三款等实体规则，增加了对“依公司法规定对该出资承担连带责任的发起人”的变更、追加。	**《执行工作规定》** 80. 被执行人无财产清偿债务，如果其开办单位对其开办时投入的注册资金不实或抽逃注册资金，可以裁定变更或追加其开办单位为被执行人，在注册资金不实或抽逃注册资金的范围内，对申请执行人承担责任。 **《民法通则》** **第四十一条** 全民所有制企业、集体所有制企业有符合国家规定的资金数额，有组织章程、组织机构和场所，能够独立承担民事责任，经主管机关核准登记，取得法人资格。 在中华人民共和国领域内设立的中外合资经营企业、中外合作经营企业和外资企业，具备法人条件的，依法经工商行政管理机关核准登记，取得中国法人资格。 **《公司法》** **第三条** 公司是企业法人，有独立的法人财产，享有法人财产权。公司以其全部财产对公司的债务承担责任。

变更追加规定	相关规定
	有限责任公司的股东以其认缴的出资额为限对公司承担责任；股份有限公司的股东以其认购的股份为限对公司承担责任。 **第二十条** 公司股东应当遵守法律、行政法规和公司章程，依法行使股东权利，不得滥用股东权利损害公司或者其他股东的利益；不得滥用公司法人独立地位和股东有限责任损害公司债权人的利益。 公司股东滥用股东权利给公司或者其他股东造成损失的，应当依法承担赔偿责任。 公司股东滥用公司法人独立地位和股东有限责任，逃避债务，严重损害公司债权人利益的，应当对公司债务承担连带责任。 **第二十八条** 股东应当按期足额缴纳公司章程中规定的各自所认缴的出资额。股东以货币出资的，应当将货币出资足额存入有限责任公司在银行开设的账户；以非货币财产出资的，应当依法办理其财产权的转移手续。

变更追加规定	相关规定
	股东不按照前款规定缴纳出资的，除应当向公司足额缴纳外，还应当向已按期足额缴纳出资的股东承担违约责任。 **第三十条** 有限责任公司成立后，发现作为设立公司出资的非货币财产的实际价额显著低于公司章程所定价额的，应当由交付该出资的股东补足其差额；公司设立时的其他股东承担连带责任。 **第八十三条** 以发起设立方式设立股份有限公司的，发起人应当书面认足公司章程规定其认购的股份，并按照公司章程规定缴纳出资。以非货币财产出资的，应当依法办理其财产权的转移手续。 发起人不依照前款规定缴纳出资的，应当按照发起人协议承担违约责任。 发起人认足公司章程规定的出资后，应当选举董事会和监事会，由董事会向公司登记机关报送公司章程以及法律、行政法规规定的其他文件，申请设立登记。

变更追加规定	相关规定
	第九十三条 股份有限公司成立后，发起人未按照公司章程的规定缴足出资的，应当补缴；其他发起人承担连带责任。 股份有限公司成立后，发现作为设立公司出资的非货币财产的实际价额显著低于公司章程所定价额的，应当由交付该出资的发起人补足其差额；其他发起人承担连带责任。 **《公司法解释（三）》** **第十三条** 股东未履行或者未全面履行出资义务，公司或者其他股东请求其向公司依法全面履行出资义务的，人民法院应予支持。 公司债权人请求未履行或者未全面履行出资义务的股东在未出资本息范围内对公司债务不能清偿的部分承担补充赔偿责任的，人民法院应予支持；未履行或者未全面履行出资义务的股东已经承担上述责任，其他债权人提出相同请求的，人民法院不予支持。

变更追加规定	相关规定
	股东在公司设立时未履行或者未全面履行出资义务，依照本条第一款或者第二款提起诉讼的原告，请求公司的发起人与被告股东承担连带责任的，人民法院应予支持；公司的发起人承担责任后，可以向被告股东追偿。 股东在公司增资时未履行或者未全面履行出资义务，依照本条第一款或者第二款提起诉讼的原告，请求未尽公司法第一百四十七条第一款规定的义务而使出资未缴足的董事、高级管理人员承担相应责任的，人民法院应予支持；董事、高级管理人员承担责任后，可以向被告股东追偿。 **第十五条** 出资人以符合法定条件的非货币财产出资后，因市场变化或者其他客观因素导致出资财产贬值，公司、其他股东或者公司债权人请求该出资人承担补足出资责任的，人民法院不予支持。但是，当事人另有约定的除外。

变更追加规定	相关规定
	第十九条 公司股东未履行或者未全面履行出资义务或者抽逃出资，公司或者其他股东请求其向公司全面履行出资义务或者返还出资，被告股东以诉讼时效为由进行抗辩的，人民法院不予支持。 公司债权人的债权未过诉讼时效期间，其依照本规定第十三条第二款、第十四条第二款的规定请求未履行或者未全面履行出资义务或者抽逃出资的股东承担赔偿责任，被告股东以出资义务或者返还出资义务超过诉讼时效期间为由进行抗辩的，人民法院不予支持。 **第二十条** 当事人之间对是否已履行出资义务发生争议，原告提供对股东履行出资义务产生合理怀疑证据的，被告股东应当就其已履行出资义务承担举证责任。 **第二十六条** 公司债权人以登记于公司登记机关的股东未履行出资义务为由，请求其

变更追加规定	相关规定
	对公司债务不能清偿的部分在未出资本息范围内承担补充赔偿责任，股东以其仅为名义股东而非实际出资人为由进行抗辩的，人民法院不予支持。 名义股东根据前款规定承担赔偿责任后，向实际出资人追偿的，人民法院应予支持。 **第二十八条** 冒用他人名义出资并将该他人作为股东在公司登记机关登记的，冒名登记行为人应当承担相应责任；公司、其他股东或者公司债权人以未履行出资义务为由，请求被冒名登记为股东的承担补足出资责任或者对公司债务不能清偿部分的赔偿责任的，人民法院不予支持。 **《破产法》** **第三十五条** 人民法院受理破产申请后，债务人的出资人尚未完全履行出资义务的，管理人应当要求该出资人缴纳所认缴的出资，而不受出资期限的限制。

变更追加规定	相关规定
	《破产法解释（二）》 **第二十条第一款** 管理人代表债务人提起诉讼，主张出资人向债务人依法缴付未履行的出资或者返还抽逃的出资本息，出资人以认缴出资尚未届至公司章程规定的缴纳期限或者违反出资义务已经超过诉讼时效为由抗辩的，人民法院不予支持。 **《公司法解释（二）》** **第二十二条** 公司解散时，股东尚未缴纳的出资均应作为清算财产。股东尚未缴纳的出资，包括到期应缴未缴的出资，以及依照公司法第二十六条和第八十条的规定分期缴纳尚未届满缴纳期限的出资。 公司财产不足以清偿债务时，债权人主张未缴出资股东，以及公司设立时的其他股东或者发起人在未缴出资范围内对公司债务承担连带清偿责任的，人民法院应依法予以支持。

变更追加规定	相关规定
第十八条　【对抽逃出资股东、出资人的变更、追加】 作为被执行人的企业法人，财产不足以清偿生效法律文书确定的债务，申请执行人申请变更、追加抽逃出资的股东、出资人为被执行人，在抽逃出资的范围内承担责任的，人民法院应予支持。	**《执行工作规定》** 80. 被执行人无财产清偿债务，如果其开办单位对其开办时投入的注册资金不实或抽逃注册资金，可以裁定变更或追加其开办单位为被执行人，在注册资金不实或抽逃注册资金的范围内，对申请执行人承担责任。 **《公司法》** **第三十五条**　公司成立后，股东不得抽逃出资。 **第一百六十六条**　公司分配当年税后利润时，应当提取利润的百分之十列入公司法定公积金。公司法定公积金累计额为公司注册资本的百分之五十以上的，可以不再提取。 公司的法定公积金不足以弥补以前年度亏损的，在依照前款规定提取法定公积金之前，应当先用当年利润弥补亏损。 公司从税后利润中提取法定公积金后，经股东会或者股东大会决议，还可以从税后利润中提取任意公积金。

变更追加规定	相关规定
	公司弥补亏损和提取公积金后所余税后利润，有限责任公司依照本法第三十四条的规定分配；股份有限公司按照股东持有的股份比例分配，但股份有限公司章程规定不按持股比例分配的除外。 股东会、股东大会或者董事会违反前款规定，在公司弥补亏损和提取法定公积金之前向股东分配利润的，股东必须将违反规定分配的利润退还公司。 公司持有的本公司股份不得分配利润。 **《公司法解释（三）》** **第十二条** 公司成立后，公司、股东或者公司债权人以相关股东的行为符合下列情形之一且损害公司权益为由，请求认定该股东抽逃出资的，人民法院应予支持： （一）制作虚假财务会计报表虚增利润进行分配； （二）通过虚构债权债务关系将其出资转出；

变更追加规定	相关规定
	（三）利用关联交易将出资转出； （四）其他未经法定程序将出资抽回的行为。 **第十四条** 股东抽逃出资，公司或者其他股东请求其向公司返还出资本息、协助抽逃出资的其他股东、董事、高级管理人员或者实际控制人对此承担连带责任的，人民法院应予支持。 公司债权人请求抽逃出资的股东在抽逃出资本息范围内对公司债务不能清偿的部分承担补充赔偿责任、协助抽逃出资的其他股东、董事、高级管理人员或者实际控制人对此承担连带责任的，人民法院应予支持；抽逃出资的股东已经承担上述责任，其他债权人提出相同请求的，人民法院不予支持。

变更追加规定	相关规定
第十九条 【瑕疵股权转让引起的变更、追加】作为被执行人的公司，财产不足以清偿生效法律文书确定的债务，其股东未依法履行出资义务即转让股权，申请执行人申请变更、追加该原股东或依公司法规定对该出资承担连带责任的发起人为被执行人，在未依法出资的范围内承担责任的，人民法院应予支持。	**《公司法解释（三）》** **第十八条** 有限责任公司的股东未履行或者未全面履行出资义务即转让股权，受让人对此知道或者应当知道，公司请求该股东履行出资义务、受让人对此承担连带责任的，人民法院应予支持；公司债权人依照本规定第十三条第二款向该股东提起诉讼，同时请求前述受让人对此承担连带责任的，人民法院应予支持。 受让人根据前款规定承担责任后，向该未履行或者未全面履行出资义务的股东追偿的，人民法院应予支持。但是，当事人另有约定的除外。
第二十条 【对一人公司股东的变更、追加】作为被执行人的一人有限责任公司，财产不足以清偿生效法律文书确定的债务，股东不能证明公司财产独立于自己的财产，申请执行人申请变更、追加该股东为被执行人，对公司债务承担连带责任的，人民法院应予支持。	**《公司法》** **第二十条** 公司股东应当遵守法律、行政法规和公司章程，依法行使股东权利，不得滥用股东权利损害公司或者其他股东的利益；不得滥用公司法人独立地位和股东有限责任损害公司债权人的利益。

变更追加规定	相关规定
适用指导 本条是司法解释的新增规定，在符合以下两个条件时，可以在执行程序中变更、追加一人公司的股东为被执行人。 首先，公司财产要不足以清偿生效法律文书确定的债务，这是尊重公司法人独立地位和股东有限责任的基本要求。 其次，要求股东不能证明公司财产独立于自己的财产。这是《公司法》第六十三条确立的实质要件。	公司股东滥用股东权利给公司或者其他股东造成损失的，应当依法承担赔偿责任。 公司股东滥用公司法人独立地位和股东有限责任，逃避债务，严重损害公司债权人利益的，应当对公司债务承担连带责任。 **第六十二条** 一人有限责任公司应当在每一会计年度终了时编制财务会计报告，并经会计师事务所审计。 **第六十三条** 一人有限责任公司的股东不能证明公司财产独立于股东自己的财产的，应当对公司债务承担连带责任。
第二十一条 【股东、出资人等无偿接受财产引起的变更、追加】作为被执行人的公司，未经清算即办理注销登记，导致公司无法进行清算，申请执行人申请变更、追加有限责任公司的股东、股份有限公司的董事和控股股东为被执行人，对公司债务承担连带清偿责任的，人民法院应予支持。	**《民事诉讼法解释》** **第四百七十二条** 依照民事诉讼法第二百三十二条规定，执行中作为被执行人的法人或者其他组织分立、合并的，人民法院可以裁定变更后的法人或者其他组织为被执行人；被注销的，如果依照有关实体法的规定有权利义务承受人的，可以裁定该权利义务承受人为被执行人。

变更追加规定	相关规定
	《公司法解释（二）》 **第二十条第一款** 公司解散应当在依法清算完毕后，申请办理注销登记。公司未经清算即办理注销登记，导致公司无法进行清算，债权人主张有限责任公司的股东、股份有限公司的董事和控股股东，以及公司的实际控制人对公司债务承担清偿责任的，人民法院应依法予以支持。
第二十二条 【被执行人未经清算被注销引起的变更、追加】 作为被执行人的法人或其他组织，被注销或出现被吊销营业执照、被撤销、被责令关闭、歇业等解散事由后，其股东、出资人或主管部门无偿接受其财产，致使该被执行人无遗留财产或遗留财产不足以清偿债务，申请执行人申请变更、追加该股东、出资人或主管部门为被执行人，在接受的财产范围内承担责任的，人民法院应予支持。	**《执行工作规定》** 81. 被执行人被撤销、注销或歇业后，上级主管部门或开办单位无偿接受被执行人的财产，致使被执行人无遗留财产清偿债务或遗留财产不足清偿的，可以裁定由上级主管部门或开办单位在所接受的财产范围内承担责任。 **《合同法》** **第七十四条** 因债务人放弃其到期债权或者无偿转让财产，对债权人造成损害的，债权人可以请求人民法院撤销债

变更追加规定	相关规定
	务人的行为。债务人以明显不合理的低价转让财产，对债权人造成损害，并且受让人知道该情形的，债权人也可以请求人民法院撤销债务人的行为。 撤销权的行使范围以债权人的债权为限。债权人行使撤销权的必要费用，由债务人负担。 **第七十五条** 撤销权自债权人知道或者应当知道撤销事由之日起一年内行使。自债务人的行为发生之日起五年内没有行使撤销权的，该撤销权消灭。 **《制裁规避执行意见》** 14. 引导申请执行人依法诉讼。被执行人怠于行使债权对申请执行人造成损害的，执行法院可以告知申请执行人依照《中华人民共和国合同法》第七十三条的规定，向有管辖权的人民法院提起代位权诉讼。 被执行人放弃债权、无偿转让财产或者以明显不合理的低价转让财产，对申请执行人

变更追加规定	相关规定
	造成损害的，执行法院可以告知申请执行人依照《中华人民共和国合同法》第七十四条的规定向有管辖权的人民法院提起撤销权诉讼。
第二十三条　【第三人在登记材料中承诺引起的变更、追加】作为被执行人的法人或其他组织，未经依法清算即办理注销登记，在登记机关办理注销登记时，第三人书面承诺对被执行人的债务承担清偿责任，申请执行人申请变更、追加该第三人为被执行人，在承诺范围内承担清偿责任的，人民法院应予支持。 **适用指导** 适用本条时，要求第三人书面承诺对被执行人的债务承担清偿责任，如果仅仅承诺负责清算或承担清算义务，则不能适用本条。	**《公司法解释（二）》** **第二十条第二款**　公司未经依法清算即办理注销登记，股东或者第三人在公司登记机关办理注销登记时承诺对公司债务承担责任，债权人主张其对公司债务承担相应民事责任的，人民法院应依法予以支持。

变更追加规定	相关规定
第二十四条　【第三人自愿代履行引起的变更、追加】 执行过程中，第三人向执行法院书面承诺自愿代被执行人履行生效法律文书确定的债务，申请执行人申请变更、追加该第三人为被执行人，在承诺范围内承担责任的，人民法院应予支持。	**《执行异议复议规定》** **第十八条**　执行过程中，第三人因书面承诺自愿代被执行人偿还债务而被追加为被执行人后，无正当理由反悔并提出异议的，人民法院不予支持。
第二十五条　【第三人因接受无偿调拨引起的变更、追加】 作为被执行人的法人或其他组织，财产依行政命令被无偿调拨、划转给第三人，致使该被执行人财产不足以清偿生效法律文书确定的债务，申请执行人申请变更、追加该第三人为被执行人，在接受的财产范围内承担责任的，人民法院应予支持。	**《企业改制案件规定》** **第三条**　政府主管部门在对企业国有资产进行行政性调整、划转过程中发生的纠纷，当事人向人民法院提起民事诉讼的，人民法院不予受理。
第二十六条　【重复承担责任之禁止】 被申请人在应承担责任范围内已承担相应责任的，人民法院不得责令其重复承担责任。	**《执行工作规定》** 82. 被执行人的开办单位已经在注册资金范围内或接受财产的范围内向其他债权人承担了全部责任的，人民法院不得裁定开办单位重复承担责任。

变更追加规定	相关规定
	《公司法解释（三）》 **第十三条第二款** 公司债权人请求未履行或者未全面履行出资义务的股东在未出资本息范围内对公司债务不能清偿的部分承担补充赔偿责任的，人民法院应予支持；未履行或者未全面履行出资义务的股东已经承担上述责任，其他债权人提出相同请求的，人民法院不予支持。 **第十四条第二款** 公司债权人请求抽逃出资的股东在抽逃出资本息范围内对公司债务不能清偿的部分承担补充赔偿责任、协助抽逃出资的其他股东、董事、高级管理人员或者实际控制人对此承担连带责任的，人民法院应予支持；抽逃出资的股东已经承担上述责任，其他债权人提出相同请求的，人民法院不予支持。

变更追加规定	相关规定
第二十七条　【当事人姓名、名称变更的处理】 执行当事人的姓名或名称发生变更的，人民法院可以直接将姓名或名称变更后的主体作为执行当事人，并在法律文书中注明变更前的姓名或名称。 **适用指导** 与此前的规定不同，依据本条规定，执行当事人的姓名或名称发生变更的，不再适用变更、追加程序。	**《民事诉讼法解释》** **第四百七十四条**　在执行中，作为被执行人的法人或者其他组织名称变更的，人民法院可以裁定变更后的法人或者其他组织为被执行人。 **《合同法》** **第七十六条**　合同生效后，当事人不得因姓名、名称的变更或者法定代表人、负责人、承办人的变动而不履行合同义务。
第二十八条　【变更、追加的申请与审查】 申请人申请变更、追加执行当事人，应当向执行法院提交书面申请及相关证据材料。 除事实清楚、权利义务关系明确、争议不大的案件外，执行法院应当组成合议庭审查并公开听证。经审查，理由成立的，裁定变更、追加；理由不成立的，裁定驳回。	**《执行工作规定》** 83. 依照民事诉讼法第二百零九条、最高人民法院关于适用民事诉讼法若干问题的意见第 271 条至第 274 条及本规定裁定变更或追加被执行主体的，由执行法院的执行机构办理。① **《执行异议复议规定》** **第一条**　异议人提出执行异议或者复议申请人申请复议，

① 本条根据法释〔2008〕18 号第五十四条调整。

变更追加规定	相关规定
执行法院应当自收到书面申请之日起六十日内作出裁定。有特殊情况需要延长的，由本院院长批准。 **适用指导** 本条是关于变更追加程序的规定。第一，申请人申请变更、追加执行当事人应当提交书面申请及相关证据材料；第二，变更追加案件应由执行法院专属管辖；第三，变更、追加案件原则上应当组成合议庭并公开听证，但事实清楚、权利义务关系明确、争议不大的案件除外；第四，执行法院原则上应当自收到书面申请之日起60日内作出裁定；第五，执行法院对变更、追加申请审查完毕后，应当作出裁定。	应当向人民法院提交申请书。申请书应当载明具体的异议或者复议请求、事实、理由等内容，并附下列材料： （一）异议人或者复议申请人的身份证明； （二）相关证据材料； （三）送达地址和联系方式。 **第十一条** 人民法院审查执行异议或者复议案件，应当依法组成合议庭。 指令重新审查的执行异议案件，应当另行组成合议庭。 办理执行实施案件的人员不得参与相关执行异议和复议案件的审查。 **第十二条** 人民法院对执行异议和复议案件实行书面审查。案情复杂、争议较大的，应当进行听证。 **第十三条** 执行异议、复议案件审查期间，异议人、复议申请人申请撤回异议、复议申请的，是否准许由人民法院裁定。

变更追加规定	相关规定
	第十四条 异议人或者复议申请人经合法传唤，无正当理由拒不参加听证，或者未经法庭许可中途退出听证，致使人民法院无法查清相关事实的，由其自行承担不利后果。 **第十六条** 人民法院依照民事诉讼法第二百二十五条规定作出裁定时，应当告知相关权利人申请复议的权利和期限。 人民法院依照民事诉讼法第二百二十七条规定作出裁定时，应当告知相关权利人提起执行异议之诉的权利和期限。 人民法院作出其他裁定和决定时，法律、司法解释规定了相关权利人申请复议的权利和期限的，应当进行告知。 **《执行权配置意见》** 21. 执行过程中依法需要变更、追加执行主体的，由执行局按照法定程序办理；应当通过另诉或者提起再审追加、变更的，由审判机构按照法定程序办理。

变更追加规定	相关规定
	《执行立结案意见》 **第九条第一款第（四）项** 下列案件，人民法院应当按照执行异议案件予以立案： （四）申请执行人申请追加、变更被执行人的；
第二十九条 【财产保全的参照适用】执行法院审查变更、追加被执行人申请期间，申请人申请对被申请人的财产采取查封、扣押、冻结措施的，执行法院应当参照民事诉讼法第一百条的规定办理。 申请执行人在申请变更、追加第三人前，向执行法院申请查封、扣押、冻结该第三人财产的，执行法院应当参照民事诉讼法第一百零一条的规定办理。	**《民事诉讼法》** **第一百条** 人民法院对于可能因当事人一方的行为或者其他原因，使判决难以执行或者造成当事人其他损害的案件，根据对方当事人的申请，可以裁定对其财产进行保全、责令其作出一定行为或者禁止其作出一定行为；当事人没有提出申请的，人民法院在必要时也可以裁定采取保全措施。 人民法院采取保全措施，可以责令申请人提供担保，申请人不提供担保的，裁定驳回申请。 人民法院接受申请后，对情况紧急的，必须在四十八小时内作出裁定；裁定采取保全措施的，应当立即开始执行。

变更追加规定	相关规定
	第一百零一条 利害关系人因情况紧急，不立即申请保全将会使其合法权益受到难以弥补的损害的，可以在提起诉讼或者申请仲裁前向被保全财产所在地、被申请人住所地或者对案件有管辖权的人民法院申请采取保全措施。申请人应当提供担保，不提供担保的，裁定驳回申请。 人民法院接受申请后，必须在四十八小时内作出裁定；裁定采取保全措施的，应当立即开始执行。 申请人在人民法院采取保全措施后三十日内不依法提起诉讼或者申请仲裁的，人民法院应当解除保全。 **《民事诉讼法解释》** **第一百六十三条** 法律文书生效后，进入执行程序前，债权人因对方当事人转移财产等紧急情况，不申请保全将可能导致生效法律文书不能执行或者难以执行的，可以向执行法院申请采取保全措施。债权

变更追加规定	相关规定
	人在法律文书指定的履行期间届满后五日内不申请执行的，人民法院应当解除保全。 **《查扣冻规定》** **第三条** 作为执行依据的法律文书生效后至申请执行前，债权人可以向有执行管辖权的人民法院申请保全债务人的财产。人民法院可以参照民事诉讼法第九十二条的规定作出保全裁定，保全裁定应当立即执行。
第三十条 【复议救济】 被申请人、申请人或其他执行当事人对执行法院作出的变更、追加裁定或驳回申请裁定不服的，可以自裁定书送达之日起十日内向上一级人民法院申请复议，但依据本规定第三十二条的规定应当提起诉讼的除外。	**《执行程序解释》** **第六条** 当事人、利害关系人依照民事诉讼法第二百零二条规定申请复议的，应当采取书面形式。 **第七条** 当事人、利害关系人申请复议的书面材料，可以通过执行法院转交，也可以直接向执行法院的上一级人民法院提交。 执行法院收到复议申请后，应当在五日内将复议所需的案卷材料报送上一级人民法院；上一级人民法院收到复议申请

变更追加规定	相关规定
	后，应当通知执行法院在五日内报送复议所需的案卷材料。 **第八条** 上一级人民法院对当事人、利害关系人的复议申请，应当组成合议庭进行审查。 **第九条** 当事人、利害关系人依照民事诉讼法第二百零二条规定申请复议的，上一级人民法院应当自收到复议申请之日起三十日内审查完毕，并作出裁定。有特殊情况需要延长的，经本院院长批准，可以延长，延长的期限不得超过三十日。 **第十条** 执行异议审查和复议期间，不停止执行。 被执行人、利害关系人提供充分、有效的担保请求停止相应处分措施的，人民法院可以准许；申请执行人提供充分、有效的担保请求继续执行的，应当继续执行。 **《执行异议复议规定》** **第十一条** 人民法院审查执行异议或者复议案件，应当依法组成合议庭。

变更追加规定	相关规定
	指令重新审查的执行异议案件，应当另行组成合议庭。 办理执行实施案件的人员不得参与相关执行异议和复议案件的审查。 **第十二条** 人民法院对执行异议和复议案件实行书面审查。案情复杂、争议较大的，应当进行听证。 **第十三条** 执行异议、复议案件审查期间，异议人、复议申请人申请撤回异议、复议申请的，是否准许由人民法院裁定。 **第十四条** 异议人或者复议申请人经合法传唤，无正当理由拒不参加听证，或者未经法庭许可中途退出听证，致使人民法院无法查清相关事实的，由其自行承担不利后果。 **《执行立结案意见》** **第十条第一款第（二）项** 下列案件，人民法院应当按照执行复议案件予以立案： （二）除因夫妻共同债务、出资人未依法出资、股权转让引起的追加和对一人公司股东

变更追加规定	相关规定
	的追加外，当事人、利害关系人不服人民法院针对本意见第九条第（四）项作出的裁定，向上一级人民法院申请复议的。
第三十一条　【复议的程序规定】上一级人民法院对复议申请应当组成合议庭审查，并自收到申请之日起六十日内作出复议裁定。有特殊情况需要延长的，由本院院长批准。 被裁定变更、追加的被申请人申请复议的，复议期间，人民法院不得对其争议范围内的财产进行处分。申请人请求人民法院继续执行并提供相应担保的，人民法院可以准许。	**《执行异议复议规定》** **第二十三条**　上一级人民法院对不服异议裁定的复议申请审查后，应当按照下列情形，分别处理： （一）异议裁定认定事实清楚，适用法律正确，结果应予维持的，裁定驳回复议申请，维持异议裁定； （二）异议裁定认定事实错误，或者适用法律错误，结果应予纠正的，裁定撤销或者变更异议裁定； （三）异议裁定认定基本事实不清、证据不足的，裁定撤销异议裁定，发回作出裁定的人民法院重新审查，或者查清事实后作出相应裁定； （四）异议裁定遗漏异议请求或者存在其他严重违反法定程序的情形，裁定撤销异议裁定，发回作出裁定的人民法

变更追加规定	相关规定
	院重新审查; （五）异议裁定对应当适用民事诉讼法第二百二十七条规定审查处理的异议，错误适用民事诉讼法第二百二十五条规定审查处理的，裁定撤销异议裁定，发回作出裁定的人民法院重新作出裁定。 除依照本条第一款第三、四、五项发回重新审查或者重新作出裁定的情形外，裁定撤销或者变更异议裁定且执行行为可撤销、变更的，应当同时撤销或者变更该裁定维持的执行行为。 人民法院对发回重新审查的案件作出裁定后，当事人、利害关系人申请复议的，上一级人民法院复议后不得再次发回重新审查。 **《执行程序解释》** **第十六条** 案外人异议审查期间，人民法院不得对执行标的进行处分。 案外人向人民法院提供充分、有效的担保请求解除对异

变更追加规定	相关规定
	议标的的查封、扣押、冻结的，人民法院可以准许；申请执行人提供充分、有效的担保请求继续执行的，应当继续执行。 因案外人提供担保解除查封、扣押、冻结有错误，致使该标的无法执行的，人民法院可以直接执行担保财产；申请执行人提供担保请求继续执行有错误，给对方造成损失的，应当予以赔偿。
第三十二条　【诉讼救济】被申请人或申请人对执行法院依据本规定第十四条第二款、第十七条至第二十一条规定作出的变更、追加裁定或驳回申请裁定不服的，可以自裁定书送达之日起十五日内，向执行法院提起执行异议之诉。 被申请人提起执行异议之诉的，以申请人为被告。申请人提起执行异议之诉的，以被申请人为被告。	**《民事诉讼法》** **第二百二十七条**　执行过程中，案外人对执行标的提出书面异议的，人民法院应当自收到书面异议之日起十五日内审查，理由成立的，裁定中止对该标的的执行；理由不成立的，裁定驳回。案外人、当事人对裁定不服，认为原判决、裁定错误的，依照审判监督程序办理；与原判决、裁定无关的，可以自裁定送达之日起十五日内向人民法院提起诉讼。

变更追加规定	相关规定
	《民事诉讼法解释》 **第三百零四条** 根据民事诉讼法第二百二十七条规定，案外人、当事人对执行异议裁定不服，自裁定送达之日起十五日内向人民法院提起执行异议之诉的，由执行法院管辖。 **第三百零七条** 案外人提起执行异议之诉的，以申请执行人为被告。被执行人反对案外人异议的，被执行人为共同被告；被执行人不反对案外人异议的，可以列被执行人为第三人。 **第三百零八条** 申请执行人提起执行异议之诉的，以案外人为被告。被执行人反对申请执行人主张的，以案外人和被执行人为共同被告；被执行人不反对申请执行人主张的，可以列被执行人为第三人。 **第三百一十条** 人民法院审理执行异议之诉案件，适用普通程序。 **第三百一十一条** 案外人或者申请执行人提起执行异议之诉的，案外人应当就其对执

变更追加规定	相关规定
	行标的享有足以排除强制执行的民事权益承担举证证明责任。 **《执行程序解释》** **第十七条** 案外人依照民事诉讼法第二百零四条规定提起诉讼，对执行标的主张实体权利，并请求对执行标的停止执行的，应当以申请执行人为被告；被执行人反对案外人对执行标的所主张的实体权利的，应当以申请执行人和被执行人为共同被告。 **第十八条** 案外人依照民事诉讼法第二百零四条规定提起诉讼的，由执行法院管辖。 **第二十一条** 申请执行人依照民事诉讼法第二百零四条规定提起诉讼，请求对执行标的许可执行的，应当以案外人为被告；被执行人反对申请执行人请求的，应当以案外人和被执行人为共同被告。 **第二十二条** 申请执行人依照民事诉讼法第二百零四条规定提起诉讼的，由执行法院管辖。

变更追加规定	相关规定
第三十三条 【债务人不适格异议之诉】 被申请人提起的执行异议之诉，人民法院经审理，按照下列情形分别处理： （一）理由成立的，判决不得变更、追加被申请人为被执行人或者判决变更责任范围； （二）理由不成立的，判决驳回诉讼请求。 诉讼期间，人民法院不得对被申请人争议范围内的财产进行处分。申请人请求人民法院继续执行并提供相应担保的，人民法院可以准许。	**《民事诉讼法解释》** **第三百一十二条** 对案外人提起的执行异议之诉，人民法院经审理，按照下列情形分别处理： （一）案外人就执行标的享有足以排除强制执行的民事权益的，判决不得执行该执行标的； （二）案外人就执行标的不享有足以排除强制执行的民事权益的，判决驳回诉讼请求。 案外人同时提出确认其权利的诉讼请求的，人民法院可以在判决中一并作出裁判。 **第三百一十四条第一款** 对案外人执行异议之诉，人民法院判决不得对执行标的执行的，执行异议裁定失效。 **第三百一十五条** 案外人执行异议之诉审理期间，人民法院不得对执行标的进行处分。申请执行人请求人民法院继续执行并提供相应担保的，人民法院可以准许。 被执行人与案外人恶意串通，通过执行异议、执行异议

变更追加规定	相关规定
	之诉妨害执行的，人民法院应当依照民事诉讼法第一百一十三条规定处理。申请执行人因此受到损害的，可以提起诉讼要求被执行人、案外人赔偿。 **《执行程序解释》** **第十九条** 案外人依照民事诉讼法第二百零四条规定提起诉讼的，执行法院应当依照诉讼程序审理。经审理，理由不成立的，判决驳回其诉讼请求；理由成立的，根据案外人的诉讼请求作出相应的裁判。 **第二十条** 案外人依照民事诉讼法第二百零四条规定提起诉讼的，诉讼期间，不停止执行。 案外人的诉讼请求确有理由或者提供充分、有效的担保请求停止执行的，可以裁定停止对执行标的进行处分；申请执行人提供充分、有效的担保请求继续执行的，应当继续执行。 案外人请求停止执行、请求解除查封、扣押、冻结或者申请执行人请求继续执行有错误，给对方造成损失的，应当予以赔偿。

变更追加规定	相关规定
	第二十三条 人民法院依照民事诉讼法第二百零四条规定裁定对异议标的中止执行后，申请执行人自裁定送达之日起十五日内未提起诉讼的，人民法院应当裁定解除已经采取的执行措施。
第三十四条 【许可执行之诉】申请人提起的执行异议之诉，人民法院经审理，按照下列情形分别处理： （一）理由成立的，判决变更、追加被申请人为被执行人并承担相应责任或者判决变更责任范围； （二）理由不成立的，判决驳回诉讼请求。	**《民事诉讼法解释》** **第三百一十三条** 对申请执行人提起的执行异议之诉，人民法院经审理，按照下列情形分别处理： （一）案外人就执行标的不享有足以排除强制执行的民事权益的，判决准许执行该执行标的； （二）案外人就执行标的享有足以排除强制执行的民事权益的，判决驳回诉讼请求。 **第三百一十四条第二款** 对申请执行人执行异议之诉，人民法院判决准许对该执行标的的执行的，执行异议裁定失效，执行法院可以根据申请执行人的申请或者依职权恢复执行。

变更追加规定	相关规定
	第三百一十六条 人民法院对执行标的裁定中止执行后，申请执行人在法律规定的期间内未提起执行异议之诉的，人民法院应当自起诉期限届满之日起七日内解除对该执行标的采取的执行措施。 **《执行程序解释》** **第二十四条** 申请执行人依照民事诉讼法第二百零四条规定提起诉讼的，执行法院应当依照诉讼程序审理。经审理，理由不成立的，判决驳回其诉讼请求；理由成立的，根据申请执行人的诉讼请求作出相应的裁判。
第三十五条 【溯及力的规定】本规定自2016年12月1日起施行。 本规定施行后，本院以前公布的司法解释与本规定不一致的，以本规定为准。	**《民事诉讼法解释》** **第五百五十二条** 本解释公布施行后，最高人民法院于1992年7月14日发布的《关于适用〈中华人民共和国民事诉讼法〉若干问题的意见》同时废止；最高人民法院以前发布的司法解释与本解释不一致的，不再适用。

《最高人民法院关于人民法院办理财产保全案件若干问题的规定》适用指导与条文对照

财产保全规定	相关规定
为依法保护当事人、利害关系人的合法权益，规范人民法院办理财产保全案件，根据《中华人民共和国民事诉讼法》等法律规定，结合审判、执行实践，制定本规定。	**《民事诉讼法》** **第一百条** 人民法院对于可能因当事人一方的行为或者其他原因，使判决难以执行或者造成当事人其他损害的案件，根据对方当事人的申请，可以裁定对其财产进行保全、责令其作出一定行为或者禁止其作出一定行为；当事人没有提出申请的，人民法院在必要时也可以裁定采取保全措施。 人民法院采取保全措施，可以责令申请人提供担保，申请人不提供担保的，裁定驳回申请。 人民法院接受申请后，对情况紧急的，必须在四十八小时内作出裁定；裁定采取保全措施的，应当立即开始执行。 **第一百零一条** 利害关系人因情况紧急，不立即申请保全将会使其合法权益受到难以弥补的损害的，可以在提起诉讼或者申请仲裁前向被保全财产所在地、被申请人住所地或者对案件有管辖权的人民法院

财产保全规定	相关规定
	申请采取保全措施。申请人应当提供担保，不提供担保的，裁定驳回申请。 人民法院接受申请后，必须在四十八小时内作出裁定；裁定采取保全措施的，应当立即开始执行。 申请人在人民法院采取保全措施后三十日内不依法提起诉讼或者申请仲裁的，人民法院应当解除保全。
第一条 【申请保全的形式要件】当事人、利害关系人申请财产保全，应当向人民法院提交申请书，并提供相关证据材料。 申请书应当载明下列事项： （一）申请保全人与被保全人的身份、送达地址、联系方式； （二）请求事项和所根据的事实与理由； （三）请求保全数额或者争议标的；	**《民事诉讼法》** **第一百二十一条** 起诉状应当记明下列事项： （一）原告的姓名、性别、年龄、民族、职业、工作单位、住所、联系方式，法人或者其他组织的名称、住所和法定代表人或者主要负责人的姓名、职务、联系方式； （二）被告的姓名、性别、工作单位、住所等信息，法人或者其他组织的名称、住所等信息； （三）诉讼请求和所根据的事实与理由；

财产保全规定	相关规定
（四）明确的被保全财产信息或者具体的被保全财产线索； （五）为财产保全提供担保的财产信息或资信证明，或者不需要提供担保的理由； （六）其他需要载明的事项。 法律文书生效后，进入执行程序前，债权人申请财产保全的，应当写明生效法律文书的制作机关、文号和主要内容，并附生效法律文书副本。	（四）证据和证据来源，证人姓名和住所。
第二条 【保全职责分工】人民法院进行财产保全，由立案、审判机构作出裁定，一般应当移送执行机构实施。	**《执行工作规定》** **第三条** 人民法院在审理民事、行政案件中作出的财产保全和先予执行裁定，由审理案件的审判庭负责执行。 **《执行权配置和运行的意见》** 15. 诉前、申请执行前的财产保全申请由立案机构进行审查并作出裁定；裁定保全的，移交执行局执行。 16. 诉中财产保全、先予执行的申请由相关审判机构审查并作出裁定；裁定财产保全或者先予执行的，移交执行局执行。

财产保全规定	相关规定
第三条　【仲裁保全的特殊规定】仲裁过程中，当事人申请财产保全的，应当通过仲裁机构向人民法院提交申请书及仲裁案件受理通知书等相关材料。人民法院裁定采取保全措施或者裁定驳回申请的，应当将裁定书送达当事人，并通知仲裁机构。	**《仲裁法》** **第二十八条**　一方当事人因另一方当事人的行为或者其他原因，可能使裁决不能执行或者难以执行的，可以申请财产保全。 当事人申请财产保全的，仲裁委员会应当将当事人的申请依照民事诉讼法的有关规定提交人民法院。 申请有错误的，申请人应当赔偿被申请人因财产保全所遭受的损失。 **《执行工作规定》** 11. 在国内仲裁过程中，当事人申请财产保全，经仲裁机构提交人民法院的，由被申请人住所地或被申请保全的财产所在地的基层人民法院裁定并执行；申请证据保全的，由证据所在地的基层人民法院裁定并执行。 12. 在涉外仲裁过程中，当事人申请财产保全，经仲裁机构提交人民法院的，由被申请人住所地或被申请保全的财

财产保全规定	相关规定
	产所在地的中级人民法院裁定并执行；申请证据保全的，由证据所在地的中级人民法院裁定并执行。 **《农村土地承包经营纠纷解释》** **第四条** 农村土地承包仲裁委员会依法向人民法院提交当事人财产保全申请的，申请财产保全的当事人为申请人。 农村土地承包仲裁委员会应当提交下列材料： （一）财产保全申请书； （二）农村土地承包仲裁委员会发出的受理案件通知书； （三）申请人的身份证明； （四）申请保全财产的具体情况。 人民法院采取保全措施，可以责令申请人提供担保，申请人不提供担保的，裁定驳回申请。 **《最高人民法院关于认可和执行台湾地区仲裁裁决的规定》** **第十条** 人民法院受理认可台湾地区仲裁裁决的申请之前或者之后，可以按照民事诉讼法及相关司法解释的规定，

财产保全规定	相关规定
	根据申请人的申请，裁定采取保全措施。 **《最高人民法院关于认可和执行台湾地区法院民事判决的规定》** **第十条** 人民法院受理认可台湾地区法院民事判决的申请之前或者之后，可以按照民事诉讼法及相关司法解释的规定，根据申请人的申请，裁定采取保全措施。 **《最高人民法院关于内地与香港特别行政区法院相互认可和执行当事人协议管辖的民商事案件判决的安排》** **第十四条** 法院受理认可和执行判决的申请之前或者之后，可以按照执行地法律关于财产保全或者禁制资产转移的规定，根据申请人的申请，对被申请人的财产采取保全或强制措施。 **《最高人民法院关于内地与澳门特别行政区相互认可和执行仲裁裁决的安排》** **第十一条** 法院在受理认

财产保全规定	相关规定
	可和执行仲裁裁决申请之前或者之后，可以依当事人的申请，按照法院地法律规定，对被申请人的财产采取保全措施。 **《最高人民法院关于内地与澳门特别行政区相互认可和执行民商事判决的安排》** **第十五条** 法院受理认可和执行判决的申请之前或者之后，可以按照被请求方法律关于财产保全的规定，根据申请人的申请，对被申请人的财产采取保全措施。
第四条 【作出保全裁定和实施保全的期限】人民法院接受财产保全申请后，应当在五日内作出裁定；需要提供担保的，应当在提供担保后五日内作出裁定；裁定采取保全措施的，应当在五日内开始执行。对情况紧急的，必须在四十八小时内作出裁定；裁定采取保全措施的，应当立即开始执行。	**《民事诉讼法解释》** **第三十一条** 经营者使用格式条款与消费者订立管辖协议，未采取合理方式提请消费者注意，消费者主张管辖协议无效的，人民法院应予支持。 **《农村土地承包经营纠纷解释》** **第六条** 人民法院受理财产保全申请后，应当在十日内作出裁定。因特殊情况需要延长的，经本院院长批准，可以延长五日。

财产保全规定	相关规定
	人民法院接受申请后，对情况紧急的，必须在四十八小时内作出裁定；裁定采取保全措施的，应当立即开始执行。
第五条　【担保数额的限定】人民法院依照民事诉讼法第一百条规定责令申请保全人提供财产保全担保的，担保数额不超过请求保全数额的百分之三十；申请保全的财产系争议标的的，担保数额不超过争议标的价值的百分之三十。 利害关系人申请诉前财产保全的，应当提供相当于请求保全数额的担保；情况特殊的，人民法院可以酌情处理。 财产保全期间，申请保全人提供的担保不足以赔偿可能给被保全人造成的损失的，人民法院可以责令其追加相应的担保；拒不追加的，可以裁定解除或者部分解除保全。	**《民事诉讼法解释》** **第一百五十二条**　人民法院依照民事诉讼法第一百条、第一百零一条规定，在采取诉前保全、诉讼保全措施时，责令利害关系人或者当事人提供担保的，应当书面通知。 利害关系人申请诉前保全的，应当提供担保。申请诉前财产保全的，应当提供相当于请求保全数额的担保；情况特殊的，人民法院可以酌情处理。申请诉前行为保全的，担保的数额由人民法院根据案件的具体情况决定。 在诉讼中，人民法院依申请或者依职权采取保全措施的，应当根据案件的具体情况，决定当事人是否应当提供担保以及担保的数额。

财产保全规定	相关规定
适用指导 本解释最大亮点之一：明确申请诉讼保全担保的上限，有利于降低申请诉讼保全的难度。	
第六条　【提供担保的条件】申请保全人或第三人为财产保全提供财产担保的，应当向人民法院出具担保书。担保书应当载明担保人、担保方式、担保范围、担保财产及其价值、担保责任承担等内容，并附相关证据材料。 第三人为财产保全提供保证担保的，应当向人民法院提交保证书。保证书应当载明保证人、保证方式、保证范围、保证责任承担等内容，并附相关证据材料。 对财产保全担保，人民法院经审查，认为违反物权法、担保法、公司法等有关法律禁止性规定的，应当责令申请保全人在指定期限内提供其他担保；逾期未提供的，裁定驳回申请。	

财产保全规定	相关规定
第七条　【诉讼保全责任险】 保险人以其与申请保全人签订财产保全责任险合同的方式为财产保全提供担保的，应当向人民法院出具担保书。 担保书应当载明，因申请财产保全错误，由保险人赔偿被保全人因保全所遭受的损失等内容，并附相关证据材料。 **适用指导** 本解释首次明确规定了保全申请人可以通过购买财产保全责任保险的方式提供担保。	
第八条　【特定金融机构独立保函担保】 金融监管部门批准设立的金融机构以独立保函形式为财产保全提供担保的，人民法院应当依法准许。 **适用指导** 这里的金融监管部门主要指"一行三会"，即中国人民银行、银监会、证监会、	

财产保全规定	相关规定
保监会；所谓的独立保函，是指脱离于相关金融机构与保全申请人基础关系的保证。	
第九条　【不要求提供担保的情形】 当事人在诉讼中申请财产保全，有下列情形之一的，人民法院可以不要求提供担保： （一）追索赡养费、扶养费、抚育费、抚恤金、医疗费用、劳动报酬、工伤赔偿、交通事故人身损害赔偿的； （二）婚姻家庭纠纷案件中遭遇家庭暴力且经济困难的； （三）人民检察院提起的公益诉讼涉及损害赔偿的； （四）因见义勇为遭受侵害请求损害赔偿的； （五）案件事实清楚、权利义务关系明确，发生保全错误可能性较小的； （六）申请保全人为商业银行、保险公司等由金融监管部门批准设立的具有独立偿付债务能力的金融机构及其分支机构的。	**《劳动争议案件解释（二）》** **第十四条**　在诉讼过程中，劳动者向人民法院申请采取财产保全措施，人民法院经审查认为申请人经济确有困难，或有证据证明用人单位存在欠薪逃匿可能的，应当减轻或者免除劳动者提供担保的义务，及时采取保全措施。

财产保全规定	相关规定
法律文书生效后，进入执行程序前，债权人申请财产保全的，人民法院可以不要求提供担保。	
第十条　【提供被保全财产信息的义务】当事人、利害关系人申请财产保全，应当向人民法院提供明确的被保全财产信息。 当事人在诉讼中申请财产保全，确因客观原因不能提供明确的被保全财产信息，但提供了具体财产线索的，人民法院可以依法裁定采取财产保全措施。	
第十一条　【保全财产的查询】人民法院依照本规定第十条第二款规定作出保全裁定的，在该裁定执行过程中，申请保全人可以向已经建立网络执行查控系统的执行法院，书面申请通过该系统查询被保全人的财产。 申请保全人提出查询申请的，执行法院可以利用网络执	

财产保全规定	相关规定
行查控系统，对裁定保全的财产或者保全数额范围内的财产进行查询，并采取相应的查封、扣押、冻结措施。 人民法院利用网络执行查控系统未查询到可供保全财产的，应当书面告知申请保全人。 **适用指导** 本解释最大亮点之二，对于诉讼保全，允许通过网络执行查控系统查询被保全人的财产。	
第十二条　【查询财产信息的保密要求】人民法院对查询到的被保全人财产信息，应当依法保密。除依法保全的财产外，不得泄露被保全人其他财产信息，也不得在财产保全、强制执行以外使用相关信息。	**《财产调查规定》** **第十二条**　被执行人未按执行通知履行生效法律文书确定的义务，人民法院有权通过网络执行查控系统、现场调查等方式向被执行人、有关单位或个人调查被执行人的身份信息和财产信息，有关单位和个人应当依法协助办理。 人民法院对调查所需资料可以复制、打印、抄录、拍照

财产保全规定	相关规定
	或以其他方式进行提取、留存。 申请执行人申请查询人民法院调查的财产信息的，人民法院可以根据案件需要决定是否准许。申请执行人及其代理人对查询过程中知悉的信息应当保密。
第十三条　【实现保全目的 兼顾生产经营】被保全人有多项财产可供保全的，在能够实现保全目的的情况下，人民法院应当选择对其生产经营活动影响较小的财产进行保全。 人民法院对厂房、机器设备等生产经营性财产进行保全时，指定被保全人保管的，应当允许其继续使用。 **适用指导** 本条是关于财产保全中应贯彻比例原则的体现，即在确保申请人权利实现的情况，应当尽可能地让财产保全措施对被申请人的影响最小，体现了产权保护的司法政策。	**《民事诉讼法》** **第一百五十四条**　裁定适用于下列范围： （一）不予受理； （二）对管辖权有异议的； （三）驳回起诉； （四）保全和先予执行； （五）准许或者不准许撤诉； （六）中止或者终结诉讼； （七）补正判决书中的笔误； （八）中止或者终结执行； （九）撤销或者不予执行仲裁裁决； （十）不予执行公证机关赋予强制执行效力的债权文书； （十一）其他需要裁定解决的事项。

财产保全规定	相关规定
	对前款第一项至第三项裁定，可以上诉。 裁定书应当写明裁定结果和作出该裁定的理由。裁定书由审判人员、书记员署名，加盖人民法院印章。口头裁定的，记入笔录。 **第一百五十五条** 最高人民法院的判决、裁定，以及依法不准上诉或者超过上诉期没有上诉的判决、裁定，是发生法律效力的判决、裁定。 **《民事诉讼法解释》** **第一百六十七条** 财产保全的被保全人提供其他等值担保财产且有利于执行的，人民法院可以裁定变更保全标的物为被保全人提供的担保财产。 **《查封扣押冻结规定》** **第十二条** 查封、扣押的财产不宜由人民法院保管的，人民法院可以指定被执行人负责保管；不宜由被执行人保管的，可以委托第三人或者申请执行人保管。

财产保全规定	相关规定
	由人民法院指定被执行人保管的财产，如果继续使用对该财产的价值无重大影响，可以允许被执行人继续使用；由人民法院保管或者委托第三人、申请执行人保管的，保管人不得使用。 **第十三条** 查封、扣押、冻结担保物权人占有的担保财产，一般应当指定该担保物权人作为保管人；该财产由人民法院保管的，质权、留置权不因转移占有而消灭。 **《公司法解释二》** **第三条** 股东提起解散公司诉讼时，向人民法院申请财产保全或者证据保全的，在股东提供担保且不影响公司正常经营的情形下，人民法院可予以保全。 **《最高人民法院关于充分发挥审判职能作用切实加强产权司法保护的意见》** 7. 依法慎用强制措施和查封、扣押、冻结措施，最大限度降低对企业正常生产经营活

财产保全规定	相关规定
	动的不利影响。对涉案企业和人员，应当综合考虑行为性质、危害程度以及配合诉讼的态度等情况，依法慎重决定是否适用强制措施和查封、扣押、冻结措施。在刑事审判中，对已被逮捕的被告人，符合取保候审、监视居住条件的，应当变更强制措施。在刑事、民事、行政审判中，确需采取查封、扣押、冻结措施的，除依法需责令关闭的企业外，在条件允许的情况下可以为企业预留必要的流动资金和往来账户。不得查封、扣押、冻结与案件无关的财产。
第十四条　【特殊动产的保全】 被保全财产系机动车、航空器等特殊动产的，除被保全人下落不明的以外，人民法院应当责令被保全人书面报告该动产的权属和占有、使用等情况，并予以核实。	**《物权法》** **第二十四条**　船舶、航空器和机动车等物权的设立、变更、转让和消灭，未经登记，不得对抗善意第三人。 **《物权法解释一》** **第六条**　转让人转移船舶、航空器和机动车等所有权，受让人已经支付对价并取得占有，

财产保全规定	相关规定
适用指导 机动车、航空器等特殊动产在保全时通常都是在登记机构进行档案查封，实际控制该特殊动产的情况比较少。无论是从便于在执行阶段变价，还是避免被保全人自行处分的角度，都应当尽快核实和掌握特定动产的占有使用情况，因此本条规定，人民法院应当在保全后，责令被保全人报告有关情况。	虽未经登记，但转让人的债权人主张其为物权法第二十四条所称的“善意第三人”的，不予支持，法律另有规定的除外。 **《财产调查规定》** **第五条** 被执行人应当在报告财产令载明的期限内向人民法院书面报告下列财产情况： （一）收入、银行存款、现金、理财产品、有价证券； （二）土地使用权、房屋等不动产； （三）交通运输工具、机器设备、产品、原材料等动产； （四）债权、股权、投资权益、基金份额、信托受益权、知识产权等财产性权利； （五）其他应当报告的财产。 被执行人的财产已出租、已设立担保物权等权利负担，或者存在共有、权属争议等情形的，应当一并报告；被执行人的动产由第三人占有，被执

财产保全规定	相关规定
	行人的不动产、特定动产、其他财产权等登记在第三人名下的，也应当一并报告。 被执行人在报告财产令载明的期限内提交书面报告确有困难的，可以向人民法院书面申请延长期限；申请有正当理由的，人民法院可以适当延长。
第十五条　【对超标的保全的限制】人民法院应当依据财产保全裁定采取相应的查封、扣押、冻结措施。 可供保全的土地、房屋等不动产的整体价值明显高于保全裁定载明金额的，人民法院应当对该不动产的相应价值部分采取查封、扣押、冻结措施，但该不动产在使用上不可分或者分割会严重减损其价值的除外。 对银行账户内资金采取冻结措施的，人民法院应当明确具体的冻结数额。	**《民事诉讼法》** **第一百零三条**　财产保全采取查封、扣押、冻结或者法律规定的其他方法。人民法院保全财产后，应当立即通知被保全财产的人。 财产已被查封、冻结的，不得重复查封、冻结。

财产保全规定	相关规定
第十六条 【保全登记与顺位】 人民法院在财产保全中采取查封、扣押、冻结措施，需要有关单位协助办理登记手续的，有关单位应当在裁定书和协助执行通知书送达后立即办理。针对同一财产有多个裁定书和协助执行通知书的，应当按照送达的时间先后办理登记手续。	**《规范房地产执行与协助执行的通知》** **十九、** 两个以上人民法院对同一宗土地使用权、房屋进行查封的，国土资源、房地产管理部门为首先送达协助执行通知书的人民法院办理查封登记手续后，对后来办理查封登记的人民法院作轮候查封登记，并书面告知该土地使用权、房屋已被其他人民法院查封的事实及查封的有关情况。
第十七条 【诉前保全与诉讼保全的衔接】 利害关系人申请诉前财产保全，在人民法院采取保全措施后三十日内依法提起诉讼或者申请仲裁的，诉前财产保全措施自动转为诉讼或仲裁中的保全措施；进入执行程序后，保全措施自动转为执行中的查封、扣押、冻结措施。 依前款规定，自动转为诉讼、仲裁中的保全措施或者执行中的查封、扣押、冻结措施的，期限连续计算，人民法院无需重新制作裁定书。	**《民事诉讼法解释》** **第一百六十八条** 保全裁定未经人民法院依法撤销或者解除，进入执行程序后，自动转为执行中的查封、扣押、冻结措施，期限连续计算，执行法院无需重新制作裁定书，但查封、扣押、冻结期限届满的除外。 **《查封扣押冻结规定》** **第四条** 诉讼前、诉讼中及仲裁中采取财产保全措施的，进入执行程序后，自动转为执行中的查封、扣押、冻结措施，

财产保全规定	相关规定
	并适用本规定第二十九条关于查封、扣押、冻结期限的规定。 **《农村土地承包经营纠纷解释》** **第七条** 农村土地承包经营纠纷仲裁中采取的财产保全措施，在申请保全的当事人依法提起诉讼后，自动转为诉讼中的财产保全措施，并适用《最高人民法院关于人民法院民事执行中查封、扣押、冻结财产的规定》第二十九条关于查封、扣押、冻结期限的规定。 **最高人民法院关于采取诉前保全措施的法院可否超越其级别管辖权限受理诉前保全申请人提起的诉讼问题的复函（1995年3月7日 法经〔1995〕64号）** 山东省高级人民法院： 你院鲁高法函〔1994〕65号请示收悉，经研究，答复如下： 同意你院倾向性意见。本院《关于适用〈中华人民共和国民事诉讼法〉若干问题的意

财产保全规定	相关规定
	见》第31条第2款虽规定了诉前保全申请人可以向采取诉前保全措施的人民法院提起诉讼，但受理该案件，仍应当符合有关级别管辖的规定。申请人向采取诉前保全措施的人民法院起诉的案件，如果其诉讼标的金额超过了该院级别管辖的权限，则应当告知原告向有管辖权的上级人民法院提起诉讼。 此复
第十八条　【续行保全的办理】申请保全人申请续行财产保全的，应当在保全期限届满七日前向人民法院提出；逾期申请或者不申请的，自行承担不能续行保全的法律后果。 人民法院进行财产保全时，应当书面告知申请保全人明确的保全期限届满日以及前款有关申请续行保全的事项。 **适用指导** 明确了申请续保的责任在申请执行人一方。	**《查封扣押冻结规定》** **第二十九条**　人民法院冻结被执行人的银行存款及其他资金的期限不得超过六个月，查封、扣押动产的期限不得超过一年，查封不动产、冻结其他财产权的期限不得超过二年。法律、司法解释另有规定的除外。 申请执行人申请延长期限的，人民法院应当在查封、扣押、冻结期限届满前办理续行查封、扣押、冻结手续，续行期限不得超过前款规定期限的二分之一。

财产保全规定	相关规定
	第三十条 查封、扣押、冻结期限届满，人民法院未办理延期手续的，查封、扣押、冻结的效力消灭。 查封、扣押、冻结的财产已经被执行拍卖、变卖或者抵债的，查封、扣押、冻结的效力消灭。
第十九条 【再审期间的保全】 再审审查期间，债务人申请保全生效法律文书确定给付的财产的，人民法院不予受理。 再审审理期间，原生效法律文书中止执行，当事人申请财产保全的，人民法院应当受理。	**《执行工作规定》** 123. 受托法院认为委托执行的法律文书有错误，如执行可能造成执行回转困难或无法执行回转的，应当首先采取查封、扣押、冻结等保全措施，必要时要将保全款项划到法院账户，然后函请委托法院审查。受托法院按照委托法院的审查结果继续执行或停止执行。
第二十条 【保全期间的财产处置】 财产保全期间，被保全人请求对被保全财产自行处分，人民法院经审查，认为不损害申请保全人和其他执行债权人合法权益的，可以准许，但应当监督被保全人按照合理价格在指定期限内处分，	**《民事诉讼法解释》** **第一百五十三条** 人民法院对季节性商品、鲜活、易腐烂变质以及其他不宜长期保存的物品采取保全措施时，可以责令当事人及时处理，由人民法院保存价款；必要时，人民法院可予以变卖，保存价款。

财产保全规定	相关规定
并控制相应价款。 被保全人请求对作为争议标的的被保全财产自行处分的，须经申请保全人同意。 人民法院准许被保全人自行处分被保全财产的，应当通知申请保全人；申请保全人不同意的，可以依照民事诉讼法第二百二十五条规定提出异议。	
第二十一条　【保全财产移送执行】保全法院在首先采取查封、扣押、冻结措施后超过一年未对被保全财产进行处分的，除被保全财产系争议标的外，在先轮候查封、扣押、冻结的执行法院可以商请保全法院将被保全财产移送执行。但司法解释另有特别规定的，适用其规定。 保全法院与在先轮候查封、扣押、冻结的执行法院就移送被保全财产发生争议的，可以逐级报请共同的上级法院指定该财产的执行法院。	**《最高人民法院关于首先查封法院与优先债权执行法院处分查封财产有关问题的批复》法释〔2016〕6号** 福建省高级人民法院： 你院《关于解决法院首封处分权与债权人行使优先受偿债权冲突问题的请示》（闽高法〔2015〕261号）收悉。经研究，批复如下： 一、执行过程中，应当由首先查封、扣押、冻结（以下简称查封）法院负责处分查封财产。但已进入其他法院执行程序的债权对查封财产有顺位

财产保全规定	相关规定
共同的上级法院应当根据被保全财产的种类及所在地、各债权数额与被保全财产价值之间的关系等案件具体情况指定执行法院，并督促其在指定期限内处分被保全财产。 **适用指导** 要注意本条与《最高人民法院关于首先查封法院与优先债权执行法院处分查封财产有关问题的批复》的协调。根据“但司法解释另有特别规定的，适用其规定”，对于首先查封法院与优先债权执行法院之间的冲突，应当优先适用批复；对于保全法院与轮候查封的执行法院之间不互为优先债权的，适用本条规定。	在先的担保物权、优先权（该债权以下简称优先债权），自首先查封之日起已超过60日，且首先查封法院就该查封财产尚未发布拍卖公告或者进入变卖程序的，优先债权执行法院可以要求将该查封财产移送执行。 二、优先债权执行法院要求首先查封法院将查封财产移送执行的，应当出具商请移送执行函，并附确认优先债权的生效法律文书及案件情况说明。 首先查封法院应当在收到优先债权执行法院商请移送执行函之日起15日内出具移送执行函，将查封财产移送优先债权执行法院执行，并告知当事人。 移送执行函应当载明将查封财产移送执行及首先查封债权的相关情况等内容。 三、财产移送执行后，优先债权执行法院在处分或继续查封该财产时，可以持首先查封法院移送执行函办理相关手续。 优先债权执行法院对移送的财产变价后，应当按照法律规定的清偿顺序分配，并将相

财产保全规定	相关规定
	关情况告知首先查封法院。 首先查封债权尚未经生效法律文书确认的，应当按照首先查封债权的清偿顺位，预留相应份额。 四、首先查封法院与优先债权执行法院就移送查封财产发生争议的，可以逐级报请双方共同的上级法院指定该财产的执行法院。 共同的上级法院根据首先查封债权所处的诉讼阶段、查封财产的种类及所在地、各债权数额与查封财产价值之间的关系等案件具体情况，认为由首先查封法院执行更为妥当的，也可以决定由首先查封法院继续执行，但应当督促其在指定期限内处分查封财产。
第二十二条　【因担保而解除保全】财产纠纷案件，被保全人或第三人提供充分有效担保请求解除保全，人民法院应当裁定准许。被保全人请求对作为争议标的的财产解除保全的，须经申请保全人同意。	**《民事诉讼法》** **第一百零四条**　财产纠纷案件，被申请人提供担保的，人民法院应当裁定解除保全。

财产保全规定	相关规定
第二十三条　【依申请解除保全的情形】人民法院采取财产保全措施后，有下列情形之一的，申请保全人应当及时申请解除保全： （一）采取诉前财产保全措施后三十日内不依法提起诉讼或者申请仲裁的； （二）仲裁机构不予受理仲裁申请、准许撤回仲裁申请或者按撤回仲裁申请处理的； （三）仲裁申请或者请求被仲裁裁决驳回的； （四）其他人民法院对起诉不予受理、准许撤诉或者按撤诉处理的； （五）起诉或者诉讼请求被其他人民法院生效裁判驳回的； （六）申请保全人应当申请解除保全的其他情形。 人民法院收到解除保全申请后，应当在五日内裁定解除保全；对情况紧急的，必须在四十八小时内裁定解除保全。 申请保全人未及时申请人	**《民事诉讼法解释》** **第一百六十五条**　人民法院裁定采取保全措施后，除作出保全裁定的人民法院自行解除或者其上级人民法院决定解除外，在保全期限内，任何单位不得解除保全措施。 **第一百六十六条**　裁定采取保全措施后，有下列情形之一的，人民法院应当作出解除保全裁定： （一）保全错误的； （二）申请人撤回保全申请的； （三）申请人的起诉或者诉讼请求被生效裁判驳回的； （四）人民法院认为应当解除保全的其他情形。 解除以登记方式实施的保全措施的，应当向登记机关发出协助执行通知书。 **《破产法司法解释（二）》** **第七条**　对债务人财产已采取保全措施的相关单位，在知悉人民法院已裁定受理有关债务人的破产申请后，应当依

财产保全规定	相关规定
民法院解除保全，应当赔偿被保全人因财产保全所遭受的损失。 被保全人申请解除保全，人民法院经审查认为符合法律规定的，应当在本条第二款规定的期间内裁定解除保全。	照企业破产法第十九条的规定及时解除对债务人财产的保全措施。 **第八条** 人民法院受理破产申请后至破产宣告前裁定驳回破产申请，或者依据企业破产法第一百零八条的规定裁定终结破产程序的，应当及时通知原已采取保全措施并已依法解除保全措施的单位按照原保全顺位恢复相关保全措施。 在已依法解除保全的单位恢复保全措施或者表示不再恢复之前，受理破产申请的人民法院不得解除对债务人财产的保全措施。 **《查封扣押冻结规定》** **第三十一条** 有下列情形之一的，人民法院应当作出解除查封、扣押、冻结裁定，并送达申请执行人、被执行人或者案外人： （一）查封、扣押、冻结案外人财产的； （二）申请执行人撤回执行申请或者放弃债权的；

财产保全规定	相关规定
	（三）查封、扣押、冻结的财产流拍或者变卖不成，申请执行人和其他执行债权人又不同意接受抵债的； （四）债务已经清偿的； （五）被执行人提供担保且申请执行人同意解除查封、扣押、冻结的； （六）人民法院认为应当解除查封、扣押、冻结的其他情形。 解除以登记方式实施的查封、扣押、冻结的，应当向登记机关发出协助执行通知书。 **《劳动争议案件解释（二）》** **第十五条** 人民法院作出的财产保全裁定中，应当告知当事人在劳动仲裁机构的裁决书或者在人民法院的裁判文书生效后三个月内申请强制执行。逾期不申请的，人民法院应当裁定解除保全措施。 **《最高人民法院关于审理民事、行政诉讼中司法赔偿案件适用法律若干问题的解释》** **第三条** 违法采取保全措施，包括以下情形：

财产保全规定	相关规定
	（一）依法不应当采取保全措施而采取的； （二）依法不应当解除保全措施而解除，或者依法应当解除保全措施而不解除的； （三）明显超出诉讼请求的范围采取保全措施的，但保全财产为不可分割物且被保全人无其他财产或者其他财产不足以担保债权实现的除外； （四）在给付特定物之诉中，对与案件无关的财物采取保全措施的； （五）违法保全案外人财产的； （六）对查封、扣押、冻结的财产不履行监管职责，造成被保全财产毁损、灭失的； （七）对季节性商品或者鲜活、易腐烂变质以及其他不宜长期保存的物品采取保全措施，未及时处理或者违法处理，造成物品毁损或者严重贬值的； （八）对不动产或者船舶、航空器和机动车等特定动产采

财产保全规定	相关规定
	取保全措施，未依法通知有关登记机构不予办理该保全财产的变更登记，造成该保全财产所有权被转移的； （九）违法采取行为保全措施的； （十）其他违法情形。 **《最高人民法院关于修改后的民事诉讼法施行时未结案件适用法律若干问题的规定》** **第五条** 2013年1月1日前，利害关系人向人民法院申请诉前保全措施的，适用修改前的民事诉讼法等法律，但人民法院2013年1月1日尚未作出保全裁定的，适用修改后的民事诉讼法确定解除保全措施的期限。
第二十四条 【保全裁定的撤销与纠正】财产保全裁定执行中，人民法院发现保全裁定的内容与被保全财产的实际情况不符的，应当予以撤销、变更或补正。	

财产保全规定	相关规定
第二十五条　【对保全裁定或驳回保全裁定的复议】申请保全人、被保全人对保全裁定或者驳回申请裁定不服的，可以自裁定书送达之日起五日内向作出裁定的人民法院申请复议一次。人民法院应当自收到复议申请后十日内审查。 对保全裁定不服申请复议的，人民法院经审查，理由成立的，裁定撤销或变更；理由不成立的，裁定驳回。 对驳回申请裁定不服申请复议的，人民法院经审查，理由成立的，裁定撤销，并采取保全措施；理由不成立的，裁定驳回。	**《民事诉讼法》** **第一百零八条**　当事人对保全或者先予执行的裁定不服的，可以申请复议一次。复议期间不停止裁定的执行。 **《民事诉讼法解释》** **第一百七十一条**　当事人对保全或者先予执行裁定不服的，可以自收到裁定书之日起五日内向作出裁定的人民法院申请复议。人民法院应当在收到复议申请后十日内审查。裁定正确的，驳回当事人的申请；裁定不当的，变更或者撤销原裁定。 **第一百七十二条**　利害关系人对保全或者先予执行的裁定不服申请复议的，由作出裁定的人民法院依照民事诉讼法第一百零八条规定处理。
第二十六条　【对保全实施行为的异议审查】申请保全人、被保全人、利害关系人认为保全裁定实施过程中的执行行为违反法律规定提出书面异议的，人民法院应当依照民事诉讼法第二百二十五条规定审查处理。	**《民事诉讼法》** **第二百二十五条**　当事人、利害关系人认为执行行为违反法律规定的，可以向负责执行的人民法院提出书面异议。当事人、利害关系人提出书面异议的，人民法院应当自收到书

财产保全规定	相关规定
	面异议之日起十五日内审查，理由成立的，裁定撤销或者改正；理由不成立的，裁定驳回。当事人、利害关系人对裁定不服的，可以自裁定送达之日起十日内向上一级人民法院申请复议。 **《执行异议复议规定》** **第七条** 当事人、利害关系人认为执行过程中或者执行保全、先予执行裁定过程中的下列行为违法提出异议的，人民法院应当依照民事诉讼法第二百二十五条规定进行审查： （一）查封、扣押、冻结、拍卖、变卖、以物抵债、暂缓执行、中止执行、终结执行等执行措施； （二）执行的期间、顺序等应当遵守的法定程序； （三）人民法院作出的侵害当事人、利害关系人合法权益的其他行为。 被执行人以债权消灭、丧失强制执行效力等执行依据生效之后的实体事由提出排除执

财产保全规定	相关规定
	行异议的，人民法院应当参照民事诉讼法第二百二十五条规定进行审查。 　　除本规定第十九条规定的情形外，被执行人以执行依据生效之前的实体事由提出排除执行异议的，人民法院应当告知其依法申请再审或者通过其他程序解决。 　　**《执行权配置和运行的意见》** 　　17. 当事人、案外人对财产保全、先予执行的裁定不服申请复议的，由作出裁定的立案机构或者审判机构按照民事诉讼法第九十九条的规定进行审查。 　　当事人、案外人、利害关系人对财产保全、先予执行的实施行为提出异议的，由执行局根据异议事项的性质按照民事诉讼法第二百零二条或者第二百零四条的规定进行审查。 　　当事人、案外人的异议既指向财产保全、先予执行的裁

财产保全规定	相关规定
	定，又指向实施行为的，一并由作出裁定的立案机构或者审判机构分别按照民事诉讼法第九十九条和第二百零二条或者第二百零四条的规定审查。
第二十七条　【案外人异议的审查与处理】人民法院对诉讼争议标的以外的财产进行保全，案外人对保全裁定或者保全裁定实施过程中的执行行为不服，基于实体权利对被保全财产提出书面异议的，人民法院应当依照民事诉讼法第二百二十七条规定审查处理并作出裁定。案外人、申请保全人对该裁定不服的，可以自裁定送达之日起十五日内向人民法院提起执行异议之诉。 人民法院裁定案外人异议成立后，申请保全人在法律规定的期间内未提起执行异议之诉的，人民法院应当自起诉期限届满之日起七日内对该被保全财产解除保全。	**《民事诉讼法》** **第二百二十七条**　执行过程中，案外人对执行标的提出书面异议的，人民法院应当自收到书面异议之日起十五日内审查，理由成立的，裁定中止对该标的的执行；理由不成立的，裁定驳回。案外人、当事人对裁定不服，认为原判决、裁定错误的，依照审判监督程序办理；与原判决、裁定无关的，可以自裁定送达之日起十五日内向人民法院提起诉讼。 **《执行权配置和运行的意见》** 17. 当事人、案外人对财产保全、先予执行的裁定不服申请复议的，由作出裁定的立案机构或者审判机构按照民事诉讼法第九十九条的规定进行审查。

财产保全规定	相关规定
适用指导 本解释出台前，案外人能否针对财产保全措施提出《民事诉讼法》第二百二十七条规定的案外人异议存在一定争议。本条明确规定，无论案外人对保全裁定指明的被保全财产还是执行机构根据概括性保全裁定自行选择的被保全财产主张实体权利，均可以提出案外人异议。	当事人、案外人、利害关系人对财产保全、先予执行的实施行为提出异议的，由执行局根据异议事项的性质按照民事诉讼法第二百零二条或者第二百零四条的规定进行审查。 当事人、案外人的异议既指向财产保全、先予执行的裁定，又指向实施行为的，一并由作出裁定的立案机构或者审判机构分别按照民事诉讼法第九十九条和第二百零二条或者第二百零四条的规定审查。
第二十八条　【海事保全的特别规定】海事诉讼中，海事请求人申请海事请求保全，适用《中华人民共和国海事诉讼特别程序法》及相关司法解释。	**《海事诉讼特别程序法》** **第十二条**　海事请求保全是指海事法院根据海事请求人的申请，为保障其海事请求的实现，对被请求人的财产所采取的强制措施。 **第十三条**　当事人在起诉前申请海事请求保全，应当向被保全的财产所在地海事法院提出。 **第十四条**　海事请求保全不受当事人之间关于该海事请求的诉讼管辖协议或者仲裁协议的约束。

财产保全规定	相关规定
	第十五条 海事请求人申请海事请求保全，应当向海事法院提交书面申请。申请书应当载明海事请求事项、申请理由、保全的标的物以及要求提供担保的数额，并附有关证据。 **第十六条** 海事法院受理海事请求保全申请，可以责令海事请求人提供担保。海事请求人不提供的，驳回其申请。 **第十七条** 海事法院接受申请后，应当在四十八小时内作出裁定。裁定采取海事请求保全措施的，应当立即执行；对不符合海事请求保全条件的，裁定驳回其申请。 当事人对裁定不服的，可以在收到裁定书之日起五日内申请复议一次。海事法院应当在收到复议申请之日起五日内作出复议决定。复议期间不停止裁定的执行。 利害关系人对海事请求保全提出异议，海事法院经审查，认为理由成立的，应当解除对其财产的保全。

财产保全规定	相关规定
	第十八条 被请求人提供担保，或者当事人有正当理由申请解除海事请求保全的，海事法院应当及时解除保全。 海事请求人在本法规定的期间内，未提起诉讼或者未按照仲裁协议申请仲裁的，海事法院应当及时解除保全或者返还担保。 **第十九条** 海事请求保全执行后，有关海事纠纷未进入诉讼或者仲裁程序的，当事人就该海事请求，可以向采取海事请求保全的海事法院或者其他有管辖权的海事法院提起诉讼，但当事人之间订有诉讼管辖协议或者仲裁协议的除外。 **第二十条** 海事请求人申请海事请求保全错误的，应当赔偿被请求人或者利害关系人因此所遭受的损失。 **第二十一条** 下列海事请求，可以申请扣押船舶： （一）船舶营运造成的财产灭失或者损坏；

财产保全规定	相关规定
	（二）与船舶营运直接有关的人身伤亡； （三）海难救助； （四）船舶对环境、海岸或者有关利益方造成的损害或者损害威胁；为预防、减少或者消除此种损害而采取的措施；为此种损害而支付的赔偿；为恢复环境而实际采取或者准备采取的合理措施的费用；第三方因此种损害而蒙受或者可能蒙受的损失；以及与本项所指的性质类似的损害、费用或者损失； （五）与起浮、清除、回收或者摧毁沉船、残骸、搁浅船、被弃船或者使其无害有关的费用，包括与起浮、清除、回收或者摧毁仍在或者曾在该船上的物件或者使其无害的费用，以及与维护放弃的船舶和维持其船员有关的费用； （六）船舶的使用或者租用的协议； （七）货物运输或者旅客运输的协议；

财产保全规定	相关规定
	（八）船载货物（包括行李）或者与其有关的灭失或者损坏； （九）共同海损； （十）拖航； （十一）引航； （十二）为船舶营运、管理、维护、维修提供物资或者服务； （十三）船舶的建造、改建、修理、改装或者装备； （十四）港口、运河、码头、港湾以及其他水道规费和费用； （十五）船员的工资和其他款项，包括应当为船员支付的遣返费和社会保险费； （十六）为船舶或者船舶所有人支付的费用； （十七）船舶所有人或者光船承租人应当支付或者他人为其支付的船舶保险费（包括互保会费）； （十八）船舶所有人或者光船承租人应当支付的或者他人为其支付的与船舶有关的佣金、经纪费或者代理费；

财产保全规定	相关规定
	（十九）有关船舶所有权或者占有的纠纷； （二十）船舶共有人之间有关船舶的使用或者收益的纠纷； （二十一）船舶抵押权或者同样性质的权利； （二十二）因船舶买卖合同产生的纠纷。 **第二十二条** 非因本法第二十一条规定的海事请求不得申请扣押船舶，但为执行判决、仲裁裁决以及其他法律文书的除外。 **第二十三条** 有下列情形之一的，海事法院可以扣押当事船舶： （一）船舶所有人对海事请求负有责任，并且在实施扣押时是该船的所有人； （二）船舶的光船承租人对海事请求负有责任，并且在实施扣押时是该船的光船承租人或者所有人； （三）具有船舶抵押权或者同样性质的权利的海事请求； （四）有关船舶所有权或者占有的海事请求；

财产保全规定	相关规定
	（五）具有船舶优先权的海事请求。 海事法院可以扣押对海事请求负有责任的船舶所有人、光船承租人、定期租船人或者航次租船人在实施扣押时所有的其他船舶，但与船舶所有权或者占有有关的请求除外。 从事军事、政府公务的船舶不得被扣押。 **第二十四条** 海事请求人不得因同一海事请求申请扣押已被扣押过的船舶，但有下列情形之一的除外： （一）被请求人未提供充分的担保； （二）担保人有可能不能全部或者部分履行担保义务； （三）海事请求人因合理的原因同意释放被扣押的船舶或者返还已提供的担保；或者不能通过合理措施阻止释放被扣押的船舶或者返还已提供的担保。 **第二十五条** 海事请求人申请扣押当事船舶，不能立即查明被请求人名称的，不影响申请的提出。

财产保全规定	相关规定
	第二十六条 海事法院在发布或者解除扣押船舶命令的同时，可以向有关部门发出协助执行通知书，通知书应当载明协助执行的范围和内容，有关部门有义务协助执行。海事法院认为必要，可以直接派员登轮监护。 **第二十七条** 海事法院裁定对船舶实施保全后，经海事请求人同意，可以采取限制船舶处分或者抵押等方式允许该船舶继续营运。 **第二十八条** 海事请求保全扣押船舶的期限为三十日。 海事请求人在三十日内提起诉讼或者申请仲裁以及在诉讼或者仲裁过程中申请扣押船舶的，扣押船舶不受前款规定期限的限制。 **第二十九条** 船舶扣押期间届满，被请求人不提供担保，而且船舶不宜继续扣押的，海事请求人可以在提起诉讼或者申请仲裁后，向扣押船舶的海事法院申请拍卖船舶。

财产保全规定	相关规定
	第三十条 海事法院收到拍卖船舶的申请后，应当进行审查，作出准予或者不准予拍卖船舶的裁定。 当事人对裁定不服的，可以在收到裁定书之日起五日内申请复议一次。海事法院应当在收到复议申请之日起五日内作出复议决定。复议期间停止裁定的执行。 **第三十一条** 海事请求人提交拍卖船舶申请后，又申请终止拍卖的，是否准许由海事法院裁定。海事法院裁定终止拍卖船舶的，为准备拍卖船舶所发生的费用由海事请求人承担。 **第三十二条** 海事法院裁定拍卖船舶，应当通过报纸或者其他新闻媒体发布公告。拍卖外籍船舶的，应当通过对外发行的报纸或者其他新闻媒体发布公告。 公告包括以下内容： （一）被拍卖船舶的名称和国籍；

财产保全规定	相关规定
	（二）拍卖船舶的理由和依据； （三）拍卖船舶委员会的组成； （四）拍卖船舶的时间和地点； （五）被拍卖船舶的展示时间和地点； （六）参加竞买应当办理的手续； （七）办理债权登记事项； （八）需要公告的其他事项。 拍卖船舶的公告期间不少于三十日。 **第三十三条**　海事法院应当在拍卖船舶三十日前，向被拍卖船舶登记国的登记机关和已知的船舶优先权人、抵押权人和船舶所有人发出通知。 通知内容包括被拍卖船舶的名称、拍卖船舶的时间和地点、拍卖船舶的理由和依据以及债权登记等。 通知方式包括书面方式和能够确认收悉的其他适当方式。

财产保全规定	相关规定
	第三十四条 拍卖船舶由拍卖船舶委员会实施。拍卖船舶委员会由海事法院指定的本院执行人员和聘请的拍卖师、验船师三人或者五人组成。 拍卖船舶委员会组织对船舶鉴定、估价；组织和主持拍卖；与竞买人签订拍卖成交确认书；办理船舶移交手续。 拍卖船舶委员会对海事法院负责，受海事法院监督。 **第三十五条** 竞买人应当在规定的期限内向拍卖船舶委员会登记。登记时应当交验本人、企业法定代表人或者其他组织负责人身份证明和委托代理人的授权委托书，并交纳一定数额的买船保证金。 **第三十六条** 拍卖船舶委员会应当在拍卖船舶前，展示被拍卖船舶，并提供察看被拍卖船舶的条件和有关资料。 **第三十七条** 买受人在签署拍卖成交确认书后，应当立即交付不低于百分之二十的船舶价款，其余价款在成交之日

财产保全规定	相关规定
	起七日内付清，但拍卖船舶委员会与买受人另有约定的除外。 **第三十八条** 买受人付清全部价款后，原船舶所有人应当在指定的期限内于船舶停泊地以船舶现状向买受人移交船舶。拍卖船舶委员会组织和监督船舶的移交，并在船舶移交后与买受人签署船舶移交完毕确认书。 移交船舶完毕，海事法院发布解除扣押船舶命令。 **第三十九条** 船舶移交后，海事法院应当通过报纸或者其他新闻媒体发布公告，公布船舶已经公开拍卖并移交给买受人。 **第四十条** 买受人接收船舶后，应当持拍卖成交确认书和有关材料，向船舶登记机关办理船舶所有权登记手续。原船舶所有人应当向原船舶登记机关办理船舶所有权注销登记。原船舶所有人不办理船舶所有权注销登记的，不影响船舶所有权的转让。

财产保全规定	相关规定
	第四十一条 竞买人之间恶意串通的，拍卖无效。参与恶意串通的竞买人应当承担拍卖船舶费用并赔偿有关损失。海事法院可以对参与恶意串通的竞买人处最高应价百分之十以上百分之三十以下的罚款。 **第四十二条** 除本节规定的以外，拍卖适用《中华人民共和国拍卖法》的有关规定。 **第四十三条** 执行程序中拍卖被扣押船舶清偿债务的，可以参照本节有关规定。 **第四十四条** 海事请求人为保障其海事请求的实现，可以申请扣押船载货物。 申请扣押的船载货物，应当属于被请求人所有。 **第四十五条** 海事请求人申请扣押船载货物的价值，应当与其债权数额相当。 **第四十六条** 海事请求保全扣押船载货物的期限为十五日。 海事请求人在十五日内提起诉讼或者申请仲裁以及在诉

财产保全规定	相关规定
	讼或者仲裁过程中申请扣押船载货物的，扣押船载货物不受前款规定期限的限制。 **第四十七条** 船载货物扣押期间届满，被请求人不提供担保，而且货物不宜继续扣押的，海事请求人可以在提起诉讼或者申请仲裁后，向扣押船载货物的海事法院申请拍卖货物。 对无法保管、不易保管或者保管费用可能超过其价值的物品，海事请求人可以申请提前拍卖。 **第四十八条** 海事法院收到拍卖船载货物的申请后，应当进行审查，在七日内作出准予或者不准予拍卖船载货物的裁定。 当事人对裁定不服的，可以在收到裁定书之日起五日内申请复议一次。海事法院应当在收到复议申请之日起五日内作出复议决定。复议期间停止裁定的执行。

财产保全规定	相关规定
	第四十九条 拍卖船载货物由海事法院指定的本院执行人员和聘请的拍卖师组成的拍卖组织实施，或者由海事法院委托的机构实施。 拍卖船载货物，本节没有规定的，参照本章第二节拍卖船舶的有关规定。 **第五十条** 海事请求人对与海事请求有关的船用燃油、船用物料申请海事请求保全，适用本节规定。 **《最高人民法院关于适用〈中华人民共和国海事诉讼特别程序法〉若干问题的解释》** **第十五条** 除海事法院及其上级人民法院外，地方人民法院对当事人提出的船舶保全申请应不予受理；地方人民法院为执行生效法律文书需要扣押和拍卖船舶的，应当委托船籍港所在地或者船舶所在地的海事法院执行。 **第十八条** 海事诉讼特别程序法第十二条规定的被请求人的财产包括船舶、船载货物、

财产保全规定	相关规定
	船用燃油以及船用物料。对其他财产的海事请求保全适用民事诉讼法有关财产保全的规定。 **第十九条** 海事诉讼特别程序法规定的船载货物指处于承运人掌管之下，尚未装船或者已经装载于船上以及已经卸载的货物。 **第二十条** 海事诉讼特别程序法第十三条规定的被保全的财产所在地指船舶的所在地或者货物的所在地。当事人在诉讼前对已经卸载但在承运人掌管之下的货物申请海事请求保全，如果货物所在地不在海事法院管辖区域的，可以向卸货港所在地的海事法院提出，也可以向货物所在地的地方人民法院提出。 **第二十一条** 诉讼或者仲裁前申请海事请求保全适用海事诉讼特别程序法第十四条的规定。 外国法院已受理相关海事案件或者有关纠纷已经提交仲裁，但涉案财产在中华人民共

财产保全规定	相关规定
	和国领域内，当事人向财产所在地的海事法院提出海事请求保全申请的，海事法院应当受理。 **第二十二条**　利害关系人对海事法院作出的海事请求保全裁定提出异议，经审查认为理由不成立的，应当书面通知利害关系人。 **第二十三条**　被请求人或者利害关系人依据海事诉讼特别程序法第二十条的规定要求海事请求人赔偿损失，向采取海事请求保全措施的海事法院提起诉讼的，海事法院应当受理。 **第二十四条**　申请扣押船舶错误造成的损失，包括因船舶被扣押在停泊期间产生的各项维持费用与支出、船舶被扣押造成的船期损失和被申请人为使船舶解除扣押而提供担保所支出的费用。 **第二十五条**　海事请求保全扣押船舶超过三十日、扣押货物或者其他财产超过十五日，

财产保全规定	相关规定
	海事请求人未提起诉讼或者未按照仲裁协议申请仲裁的，海事法院应当及时解除保全或者返还担保。 海事请求人未在期限内提起诉讼或者申请仲裁，但海事请求人和被请求人协议进行和解或者协议约定了担保期限的，海事法院可以根据海事请求人的申请，裁定认可该协议。 **第二十六条** 申请人为申请扣押船舶提供限额担保，在扣押船舶期限届满时，未按照海事法院的通知追加担保的，海事法院可以解除扣押。 **第二十七条** 海事诉讼特别程序法第十八条第二款、第七十四条规定的提供给海事请求人的担保，除被请求人和海事请求人有约定的外，海事请求人应当返还；海事请求人不返还担保的，该担保至海事请求保全期间届满之次日失效。 **第二十八条** 船舶被扣押期间产生的各项维持费用和支出，应当作为为债权人共同利

财产保全规定	相关规定
	益支出的费用，从拍卖船舶的价款中优先拨付。 **第二十九条** 海事法院根据海事诉讼特别程序法第二十七条的规定准许已经实施保全的船舶继续营运的，一般仅限于航行于国内航线上的船舶完成本航次。 **第三十条** 申请扣押船舶的海事请求人在提起诉讼或者申请仲裁后，不申请拍卖被扣押船舶的，海事法院可以根据被申请人的申请拍卖船舶。拍卖所得价款由海事法院提存。 **第三十一条** 海事法院裁定拍卖船舶，应当通过报纸或者其他新闻媒体连续公告三日。 **第三十二条** 利害关系人请求终止拍卖被扣押船舶的，是否准许，海事法院应当作出裁定；海事法院裁定终止拍卖船舶的，为准备拍卖船舶所发生的费用由利害关系人承担。

财产保全规定	相关规定
	第三十三条 拍卖船舶申请人或者利害关系人申请终止拍卖船舶的，应当在公告确定的拍卖船舶日期届满七日前提出。 **第三十四条** 海事请求人和被请求人应当按照海事法院的要求提供海事诉讼特别程序法第三十三条规定的已知的船舶优先权人、抵押权人和船舶所有人的有关确切情况。 **第三十五条** 海事诉讼特别程序法第三十八条规定的船舶现状指船舶展示时的状况。船舶交接时的状况与船舶展示时的状况经评估确有明显差别的，船舶价款应当作适当的扣减，但属于正常损耗或者消耗的燃油不在此限。 **第三十六条** 海事请求人申请扣押船载货物的价值应当与其请求的债权数额相当，但船载货物为不可分割的财产除外。 **第三十七条** 拍卖的船舶移交后，海事法院应当及时通知相关的船舶登记机关。

财产保全规定	相关规定
	第三十八条 海事请求人申请扣押船用燃油、物料的，除适用海事诉讼特别程序法第五十条的规定外，还可以适用海事诉讼特别程序法第三章第一节的规定。 **第三十九条** 二十总吨以下小型船艇的扣押和拍卖，可以依照民事诉讼法规定的扣押和拍卖程序进行。 **第四十条** 申请人依据《中华人民共和国海商法》第八十八条规定申请拍卖留置的货物的，参照海事诉讼特别程序法关于拍卖船载货物的规定执行。 **《最高人民法院关于扣押与拍卖船舶适用法律若干问题的规定》** **第一条** 海事请求人申请对船舶采取限制处分或者抵押等保全措施的，海事法院可以依照民事诉讼法的有关规定，裁定准许并通知船舶登记机关协助执行。

财产保全规定	相关规定
	前款规定的保全措施不影响其他海事请求人申请扣押船舶。 **第四条** 海事请求人申请扣押船舶的，海事法院应当责令其提供担保。但因船员劳务合同、海上及通海水域人身损害赔偿纠纷申请扣押船舶，且事实清楚、权利义务关系明确的，可以不要求提供担保。 **第五条** 海事诉讼特别程序法第七十六条第二款规定的海事请求人提供担保的具体数额，应当相当于船舶扣押期间可能产生的各项维持费用与支出、因扣押造成的船期损失和被请求人为使船舶解除扣押而提供担保所支出的费用。 船舶扣押后，海事请求人提供的担保不足以赔偿可能给被请求人造成损失的，海事法院应责令其追加担保。 **第六条** 案件终审后，海事请求人申请返还其所提供担保的，海事法院应将该申请告知被请求人，被请求人在三十日内未提起相关索赔诉讼的，

财产保全规定	相关规定
	海事法院可以准许海事请求人返还担保的申请。 被请求人同意返还，或生效法律文书认定被请求人负有责任，且赔偿或给付金额与海事请求人要求被请求人提供担保的数额基本相当的，海事法院可以直接准许海事请求人返还担保的申请。 **第七条** 船舶扣押期间由船舶所有人或光船承租人负责管理。 船舶所有人或光船承租人不履行船舶管理职责的，海事法院可委托第三人或者海事请求人代为管理，由此产生的费用由船舶所有人或光船承租人承担，或在拍卖船舶价款中优先拨付。 **第八条** 船舶扣押后，海事请求人依据海事诉讼特别程序法第十九条的规定，向其他有管辖权的海事法院提起诉讼的，可以由扣押船舶的海事法院继续实施保全措施。

财产保全规定	相关规定
	第十五条 船舶经海事法院拍卖、变卖后，对该船舶已采取的其他保全措施效力消灭。 **《最高人民法院关于海事法院受理案件范围的规定》** **六、海事特别程序案件** 92. 起诉前就海事纠纷申请扣押船舶、船载货物、船用物料、船用燃油或者申请保全其他财产的案件； 93. 海事请求人申请财产保全错误或者请求担保数额过高引起的责任纠纷案件；
第二十九条 【溯及力的规定】本规定自2016年12月1日起施行。 本规定施行前公布的司法解释与本规定不一致的，以本规定为准。	

《最高人民法院关于严格规范终结本次执行程序的规定（试行）》适用指导与条文对照

终本规定	相关规定
为严格规范终结本次执行程序，维护当事人的合法权益，根据《中华人民共和国民事诉讼法》及有关司法解释的规定，结合人民法院执行工作实际，制定本规定。	**《民事诉讼法》** **第二百五十七条** 有下列情形之一的，人民法院裁定终结执行： （一）申请人撤销申请的； （二）据以执行的法律文书被撤销的； （三）作为被执行人的公民死亡，无遗产可供执行，又无义务承担人的； （四）追索赡养费、扶养费、抚育费案件的权利人死亡的； （五）作为被执行人的公民因生活困难无力偿还借款，无收入来源，又丧失劳动能力的； （六）人民法院认为应当终结执行的其他情形。
第一条 【终结本次执行程序的条件】人民法院终结本次执行程序，应当同时符合下列条件： （一）已向被执行人发出执行通知、责令被执行人报告财产；	**《民事诉讼法解释》** **第五百一十九条第一款** 经过财产调查未发现可供执行的财产，在申请执行人签字确认或者执行法院组成合议庭审查核实并经院长批准后，可以裁定终结本次执行程序。

终本规定	相关规定
（二）已向被执行人发出限制消费令，并将符合条件的被执行人纳入失信被执行人名单； （三）已穷尽财产调查措施，未发现被执行人有可供执行的财产或者发现的财产不能处置； （四）自执行案件立案之日起已超过三个月； （五）被执行人下落不明的，已依法予以查找；被执行人或者其他人妨害执行的，已依法采取罚款、拘留等强制措施，构成犯罪的，已依法启动刑事责任追究程序。 **适用指导** 为严格适用终本措施，本规定没有区分依申请执行人申请的终本和依职权的重本。因此，即便申请执行人同意终本的，也应当符合本条规定的条件。	**《执行立案结案意见》** **第十六条第一款** 有下列情形之一的，可以以“终结本次执行程序”方式结案： （一）被执行人确无财产可供执行，申请执行人书面同意人民法院终结本次执行程序的； （二）因被执行人无财产而中止执行满两年，经查证被执行人确无财产可供执行的； （三）申请执行人明确表示提供不出被执行人的财产或财产线索，并在人民法院穷尽财产调查措施之后，对人民法院认定被执行人无财产可供执行书面表示认可的； （四）被执行人的财产无法拍卖变卖，或者动产经两次拍卖、不动产或其他财产权经三次拍卖仍然流拍，申请执行人拒绝接受或者依法不能交付其抵债，经人民法院穷尽财产调查措施，被执行人确无其他财产可供执行的；

终本规定	相关规定
	（五）经人民法院穷尽财产调查措施，被执行人确无财产可供执行或虽有财产但不宜强制执行，当事人达成分期履行和解协议，且未履行完毕的； （六）被执行人确无财产可供执行，申请执行人属于特困群体，执行法院已经给予其适当救助的。 **《集中清理积案通知》** **三、**8. 无财产可供执行的案件，执行程序在一定期间无法继续进行，且有下列情形之一的，经合议庭评议，可裁定终结本次执行程序后结案： (1) 被执行人确无财产可供执行，申请执行人书面同意人民法院终结本次执行程序的； (2) 因被执行人无财产而中止执行满两年，经查证被执行人确无财产可供执行的； (3) 申请执行人明确表示提供不出被执行人的财产或财产线索，并在人民法院穷尽财产调查措施之后对人民法院认

终本规定	相关规定
	定被执行人无财产可供执行书面表示认可的； （4）被执行人的财产无法拍卖变卖，或者动产经两次拍卖、不动产或其他财产权经三次拍卖仍然流拍，申请执行人拒绝接受或者依法不能交付其抵债，经人民法院穷尽财产调查措施，被执行人确无其他财产可供执行的； （5）作为被执行人的企业法人被撤销、注销、吊销营业执照或者歇业后既无财产可供执行，又无义务承受人，也没有能够依法追加变更执行主体的； （6）经人民法院穷尽财产调查措施，被执行人确无财产可供执行或虽有财产但不宜强制执行，当事人达成分期履行和解协议的； （7）被执行人确无财产可供执行，申请执行人属于特困群体，执行法院已经给予其适当救助资金的。

终本规定	相关规定
第二条　【责令报告财产程序应达到的标准】本规定第一条第一项中的“责令被执行人报告财产”，是指应当完成下列事项： （一）向被执行人发出报告财产令； （二）对被执行人报告的财产情况予以核查； （三）对逾期报告、拒绝报告或者虚假报告的被执行人或者相关人员，依法采取罚款、拘留等强制措施，构成犯罪的，依法启动刑事责任追究程序。 人民法院应当将财产报告、核实及处罚的情况记录入卷。	**《民事诉讼法》** **第二百四十一条**　被执行人未按执行通知履行法律文书确定的义务，应当报告当前以及收到执行通知之日前一年的财产情况。被执行人拒绝报告或者虚假报告的，人民法院可以根据情节轻重对被执行人或者其法定代理人、有关单位的主要负责人或者直接责任人员予以罚款、拘留。 **《财产调查规定》** **第八条**　对被执行人报告的财产情况，人民法院应当及时调查核实，必要时可以组织当事人进行听证。 申请执行人申请查询被执行人报告的财产情况的，人民法院应当准许。申请执行人及其代理人对查询过程中知悉的信息应当保密。

终本规定	相关规定
第三条　【穷尽财产调查措施的标准】本规定第一条第三项中的“已穷尽财产调查措施”，是指应当完成下列调查事项： （一）对申请执行人或者其他人提供的财产线索进行核查； （二）通过网络执行查控系统对被执行人的存款、车辆及其他交通运输工具、不动产、有价证券等财产情况进行查询； （三）无法通过网络执行查控系统查询本款第二项规定的财产情况的，在被执行人住所地或者可能隐匿、转移财产所在地进行必要调查； （四）被执行人隐匿财产、会计账簿等资料且拒不交出的，依法采取搜查措施； （五）经申请执行人申请，根据案件实际情况，依法采取审计调查、公告悬赏等调查措施； （六）法律、司法解释规定的其他财产调查措施。 人民法院应当将财产调查情况记录入卷。	**《执行立案结案意见》** **第十六条第五款**　本条第一款第（三）（四）（五）项中规定的“人民法院穷尽财产调查措施”，是指至少完成下列调查事项： （一）被执行人是法人或其他组织的，应当向银行业金融机构查询银行存款，向有关房地产管理部门查询房地产登记，向法人登记机关查询股权，向有关车管部门查询车辆等情况； （二）被执行人是自然人的，应当向被执行人所在单位及居住地周边群众调查了解被执行人的财产状况或财产线索，包括被执行人的经济收入来源、被执行人到期债权等。如果根据财产线索判断被执行人有较高收入，应当按照对法人或其他组织的调查途径进行调查； （三）通过最高人民法院的全国法院网络执行查控系统和执行法院所属高级人民法院的“点对点”网络执行查控系

终本规定	相关规定
	统能够完成的调查事项； （四）法律、司法解释规定必须完成的调查事项。 人民法院裁定终结本次执行程序后，发现被执行人有财产的，可以依申请执行人的申请或依职权恢复执行。申请执行人申请恢复执行的，不受申请执行期限的限制。
第四条　【财产无法处置的含义】本规定第一条第三项中的“发现的财产不能处置”，包括下列情形： （一）被执行人的财产经法定程序拍卖、变卖未成交，申请执行人不接受抵债或者依法不能交付其抵债，又不能对该财产采取强制管理等其他执行措施的； （二）人民法院在登记机关查封的被执行人车辆、船舶等财产，未能实际扣押的。	**《拍卖变卖规定》** **第二十八条第二款**　第三次拍卖流拍且申请执行人或者其他执行债权人拒绝接受或者依法不能接受该不动产或者其他财产权抵债的，人民法院应当于第三次拍卖终结之日起七日内发出变卖公告。自公告之日起六十日内没有买受人愿意以第三次拍卖的保留价买受该财产，且申请执行人、其他执行债权人仍不表示接受该财产抵债的，应当解除查封、冻结，将该财产退还被执行人，但对该财产可以采取其他执行措施的除外。

终本规定	相关规定
第五条　【终本前的告知及征求意见】终结本次执行程序前，人民法院应当将案件执行情况、采取的财产调查措施、被执行人的财产情况、终结本次执行程序的依据及法律后果等信息告知申请执行人，并听取其对终结本次执行程序的意见。 人民法院应当将申请执行人的意见记录入卷。	**《执行立案结案意见》** **第十六条第二款**　人民法院应当依法组成合议庭，就案件是否终结本次执行程序进行合议。 **第四款**　依据本条第一款第（二）（四）（五）（六）项规定的情形裁定终结本次执行程序前，应当告知申请执行人可以在指定的期限内提出异议。申请执行人提出异议的，应当另行组成合议庭组织当事人就被执行人是否有财产可供执行进行听证；申请执行人提供被执行人财产线索的，人民法院应当就其提供的线索重新调查核实，发现被执行人有财产可供执行的，应当继续执行；经听证认定被执行人确无财产可供执行，申请执行人亦不能提供被执行人有可供执行财产的，可以裁定终结本次执行程序。 **《集中清理积案通知》** **三、**9. 裁定终结本次执行程序的，应当符合下列要求： （1）裁定书中应当载明执

终本规定	相关规定
	行标的总额、已经执行的债权数额和剩余的债权数额，并写明申请执行人在具备执行条件时，可以向有管辖权的人民法院申请执行剩余债权。 （2）执行法院终结本次执行程序，在下达裁定前应当告知申请执行人。申请执行人对终结本次执行程序有异议的，执行法院应当另行派员组织当事人就被执行人是否有财产可供执行进行听证；申请执行人提供被执行人财产线索的，执行法院应当就其提供的线索重新调查核实，发现被执行人有财产可供执行的，应当继续执行。
第六条　【终本的程序规定】终结本次执行程序应当制作裁定书，载明下列内容： （一）申请执行的债权情况； （二）执行经过及采取的执行措施、强制措施； （三）查明的被执行人财产情况；	**《执行立案结案意见》** **第十六条第三款**　终结本次执行程序应当制作裁定书，送达申请执行人。裁定应当载明案件的执行情况、申请执行人债权已受偿和未受偿的情况、终结本次执行程序的理由，以及发现被执行人有可供执行财产，可以申请恢复执行等内容。

终本规定	相关规定
（四）实现的债权情况； （五）申请执行人享有要求被执行人继续履行债务及依法向人民法院申请恢复执行的权利，被执行人负有继续向申请执行人履行债务的义务。 终结本次执行程序裁定书送达申请执行人后，执行案件可以作结案处理。人民法院进行相关统计时，应当对以终结本次执行程序方式结案的案件与其他方式结案的案件予以区分。 终结本次执行程序裁定书应当依法在互联网上公开。	
第七条　【终本的权利救济】当事人、利害关系人认为终结本次执行程序违反法律规定的，可以提出执行异议。人民法院应当依照民事诉讼法第二百二十五条的规定进行审查。 **适用指导** 本条规定了终结本次执行程序后的权利救济。《执行异议复议规定》第六条规定：	**《民事诉讼法》** **第二百二十五条**　当事人、利害关系人认为执行行为违反法律规定的，可以向负责执行的人民法院提出书面异议。当事人、利害关系人提出书面异议的，人民法院应当自收到书面异议之日起十五日内审查，理由成立的，裁定撤销或者改正；理由不成立的，裁定驳回。当事人、利害关系人对裁定不

终本规定	相关规定
“当事人、利害关系人依照民事诉讼法第二百二十五条规定提出异议的，应当在执行程序终结之前提出，但对终结执行措施提出异议的除外。”从该条可以看出，当事人、利害关系人对于终结执行本身可以提出异议，终结本次执行程序后执行案件仍处在广义上的“执行过程”中，而终结本次执行程序亦是人民法院作出的一项执行行为，且与当事人、利害关系人的权益休戚相关，因此，允许当事人、利害关系人就终结本次执行程序提出异议不仅合乎法律规定的内在逻辑，也能通过执行异议、复议程序充分救济当事人、利害关系人的合法权益。	服的，可以自裁定送达之日起十日内向上一级人民法院申请复议。
第八条　【终本不免除义务的提示】终结本次执行程序后，被执行人应当继续履行生效法律文书确定的义务。被执行人自动履行完毕的，当事人应当及时告知执行法院。	

终本规定	相关规定
第九条 【终本后恢复执行的条件】终结本次执行程序后，申请执行人发现被执行人有可供执行财产的，可以向执行法院申请恢复执行。申请恢复执行不受申请执行时效期间的限制。执行法院核查属实的，应当恢复执行。 终结本次执行程序后的五年内，执行法院应当每六个月通过网络执行查控系统查询一次被执行人的财产，并将查询结果告知申请执行人。符合恢复执行条件的，执行法院应当及时恢复执行。	**《民事诉讼法解释》** **第五百一十九条第二款** 依照前款规定终结执行后，申请执行人发现被执行人有可供执行财产的，可以再次申请执行。再次申请不受申请执行时效期间的限制。 **《执行立案结案意见》** **第十六条第六款** 人民法院裁定终结本次执行程序后，发现被执行人有财产的，可以依申请执行人的申请或依职权恢复执行。申请执行人申请恢复执行的，不受申请执行期限的限制。 **《集中清理积案通知》** **三、10. 第一款** 裁定终结本次执行程序后，如发现被执行人有财产可供执行的，申请执行人可以再次提出执行申请。申请执行人再次提出执行申请不受申请执行期间的限制。 **第二款** 申请执行人申请或者人民法院依职权恢复执行的，应当重新立案。

终本规定	相关规定
第十条　【终本后可以立即采取新执行措施的情形】 终结本次执行程序后，发现被执行人有可供执行财产，不立即采取执行措施可能导致财产被转移、隐匿、出卖或者毁损的，执行法院可以依申请执行人申请或依职权立即采取查封、扣押、冻结等控制性措施。 **适用指导** 为充分保障申请执行人的权益，本条明确规定，在紧急情况下，人民法院可先采取查封、扣押、冻结等控制性措施，再立案恢复执行。	
第十一条　【终本与破产的衔接】 案件符合终结本次执行程序条件，又符合移送破产审查相关规定的，执行法院应当在作出终结本次执行程序裁定的同时，将执行案件相关材料移送被执行人住所地人民法院进行破产审查。	**《民事诉讼法解释》** **第五百一十三条**　在执行中，作为被执行人的企业法人符合企业破产法第二条第一款规定情形的，执行法院经申请执行人之一或者被执行人同意，应当裁定中止对该被执行人的执行，将执行案件相关材料移送被执行人住所地人民法院。

终本规定	相关规定
	《移送破产审查指导意见》 **第八条** 执行法院作出移送决定后，应当书面通知所有已知执行法院，执行法院均应中止对被执行人的执行程序。但是，对被执行人的季节性商品、鲜活、易腐烂变质以及其他不宜长期保存的物品，执行法院应当及时变价处置，处置的价款不作分配。受移送法院裁定受理破产案件的，执行法院应当在收到裁定书之日起七日内，将该价款移交受理破产案件的法院。 案件符合终结本次执行程序条件的，执行法院可以同时裁定终结本次执行程序。
第十二条 【终本案件信息公示】终结本次执行程序裁定书送达申请执行人以后，执行法院应当在七日内将相关案件信息录入最高人民法院建立的终结本次执行程序案件信息库，并通过该信息库统一向社会公布。	

终本规定	相关规定
第十三条　【终本案件信息库所载信息】终结本次执行程序案件信息库记载的信息应当包括下列内容： （一）作为被执行人的法人或者其他组织的名称、住所地、组织机构代码及其法定代表人或者负责人的姓名，作为被执行人的自然人的姓名、性别、年龄、身份证件号码和住址； （二）生效法律文书的制作单位和文号，执行案号、立案时间、执行法院； （三）生效法律文书确定的义务和被执行人的履行情况； （四）人民法院认为应当记载的其他事项。	
第十四条　【终本案件被执行人名单相关内容错误的更正】当事人、利害关系人认为公布的终结本次执行程序案件信息错误的，可以向执行法院申请更正。执行法院审查属实的，应当在三日内予以更正。	

<table>
<tr><th>终本规定</th><th>相关规定</th></tr>
<tr><td>第十五条　【终本后的执行措施与强制措施的效力】终结本次执行程序后，人民法院已对被执行人依法采取的执行措施和强制措施继续有效。

适用指导
终结本次执行程序并不阻却执行依据执行力及消灭当事人之间债权债务关系的原理，即便终结本次执行程序后，人民法院已经采取的执行措施和强制执行措施也应继续有效。</td><td>《财产调查规定》
第十一条第二款　发出报告财产令后，人民法院裁定终结本次执行程序的，被执行人仍应依照本规定第七条的规定履行补充报告义务。
《切实保护当事人财产权益通知》
第六条　严格规范适用终结本次执行程序。各级人民法院应严格落实即将正式施行的《最高人民法院关于终结本次执行程序若干问题的意见（试行）》，规范终结本次执行程序的适用，坚决避免为片面追求结案率而滥用终本程序，将具备执行条件的案件“一终了事”，导致执行案件涉及的财产长期滞留在执行程序中，不能得到有效的处置和利用，同时，对已有的终结本次执行程序案件进行梳理，对于符合恢复执行条件的案件要及时恢复执行，对于进入终结本次执行程序的被执行人依法采取限制消费措施。</td></tr>
</table>

终本规定	相关规定
第十六条　【终本后的续封及变更追加当事人】终结本次执行程序后，申请执行人申请延长查封、扣押、冻结期限的，人民法院应当依法办理续行查封、扣押、冻结手续。 终结本次执行程序后，当事人、利害关系人申请变更、追加执行当事人，符合法定情形的，人民法院应予支持。变更、追加被执行人后，申请执行人申请恢复执行的，人民法院应予支持。	
第十七条　【终本后对妨碍执行行为的追究】终结本次执行程序后，被执行人或者其他人妨害执行的，人民法院可以依法予以罚款、拘留；构成犯罪的，依法追究刑事责任。	
第十八条　【终本名单信息的删除】有下列情形之一的，人民法院应当在三日内将案件信息从终结本次执行程序案件信息库中屏蔽：	

终本规定	相关规定
（一）生效法律文书确定的义务执行完毕的； （二）依法裁定终结执行的； （三）依法应予屏蔽的其他情形。	
第十九条　【溯及力的规定】本规定自2016年12月1日起施行。	

《最高人民法院关于公布失信被执行人名单信息的若干规定》

适用指导与条文对照

公布失信名单规定	相关规定
为促使被执行人自觉履行生效法律文书确定的义务，推进社会信用体系建设，根据《中华人民共和国民事诉讼法》的规定，结合人民法院工作实际，制定本规定。	**2013 年《公布失信被执行人规定》** 为促使被执行人自觉履行生效法律文书确定的义务，推进社会信用体系建设，根据《中华人民共和国民事诉讼法》的规定，结合人民法院工作实际，制定本规定。 **《民事诉讼法》** **第二百五十五条** 被执行人不履行法律文书确定的义务的，人民法院可以对其采取或者通知有关单位协助采取限制出境，在征信系统记录、通过媒体公布不履行义务信息以及法律规定的其他措施。 **《制裁规避执行意见》** 21. 建立健全征信体系。各地法院应当逐步建立健全与相关部门资源共享的信用平台，有条件的地方可以建立个人和企业信用信息数据库，将被执行人不履行债务的相关信息录入信用平台或者信息数据库，充分运用其形成的威慑力制裁规避执行行为。

公布失信名单规定	相关规定
第一条 【纳入失信名单的条件】 被执行人未履行生效法律文书确定的义务，并具有下列情形之一的，人民法院应当将其纳入失信被执行人名单，依法对其进行信用惩戒： （一）有履行能力而拒不履行生效法律文书确定义务的； （二）以伪造证据、暴力、威胁等方法妨碍、抗拒执行的； （三）以虚假诉讼、虚假仲裁或者以隐匿、转移财产等方法规避执行的； （四）违反财产报告制度的； （五）违反限制消费令的； （六）无正当理由拒不履行执行和解协议的。 **适用指导** 与2013年《公布失信被执行人规定》不同，现在的失信被执行人并不以“具有履行能力而不履行生效法律文书确定的义务”为前提。从而创设了一系列的行为失信情形，如违反财产报告制度、违反限制消费令等等。	**2013年《公布失信被执行人规定》** **第一条** 被执行人具有履行能力而不履行生效法律文书确定的义务，并具有下列情形之一的，人民法院应当将其纳入失信被执行人名单，依法对其进行信用惩戒： （一）以伪造证据、暴力、威胁等方法妨碍、抗拒执行的； （二）以虚假诉讼、虚假仲裁或者以隐匿、转移财产等方法规避执行的； （三）违反财产报告制度的； （四）违反限制高消费令的； （五）被执行人无正当理由拒不履行执行和解协议的； （六）其他有履行能力而拒不履行生效法律文书确定义务的。 **《民事诉讼法》** **第一百一十一条** 诉讼参与人或者其他人有下列行为之一的，人民法院可以根据情节

公布失信名单规定	相关规定
	轻重予以罚款、拘留；构成犯罪的，依法追究刑事责任： （一）伪造、毁灭重要证据，妨碍人民法院审理案件的； （二）以暴力、威胁、贿买方法阻止证人作证或者指使、贿买、胁迫他人作伪证的； （三）隐藏、转移、变卖、毁损已被查封、扣押的财产，或者已被清点并责令其保管的财产，转移已被冻结的财产的； （四）对司法工作人员、诉讼参加人、证人、翻译人员、鉴定人、勘验人、协助执行的人，进行侮辱、诽谤、诬陷、殴打或者打击报复的； （五）以暴力、威胁或者其他方法阻碍司法工作人员执行职务的； （六）拒不履行人民法院已经发生法律效力的判决、裁定的。 人民法院对有前款规定的行为之一的单位，可以对其主要负责人或者直接责任人员予以罚款、拘留；构成犯罪的，依法追究刑事责任。

公布失信名单规定	相关规定
	第二百五十五条 被执行人不履行法律文书确定的义务的，人民法院可以对其采取或者通知有关单位协助采取限制出境，在征信系统记录、通过媒体公布不履行义务信息以及法律规定的其他措施。 **《民事诉讼法解释》** **第五百一十八条** 被执行人不履行法律文书确定的义务的，人民法院除对被执行人予以处罚外，还可以根据情节将其纳入失信被执行人名单，将被执行人不履行或者不完全履行义务的信息向其所在单位、征信机构以及其他相关机构通报。 **《公布失信名单通知》** **二、《若干规定》适用中应当注意的问题** （一）关于被执行人以虚假诉讼、虚假仲裁方法规避执行的认定。因被执行人的虚假诉讼、虚假仲裁行为，致使相应的法律文书被依法撤销，或者被依法裁定不予执行的，应认定为被执行人具有以虚假诉

公布失信名单规定	相关规定
	讼、虚假仲裁方法规避执行的情形，从而将其纳入失信被执行人名单；相应法律文书未经法定程序予以撤销或裁定不予执行的，不应将有关被执行人纳入失信被执行人名单。
第二条　【纳入失信名单的期限及提前删除】被执行人具有本规定第一条第二项至第六项规定情形的，纳入失信被执行人名单的期限为二年。被执行人以暴力、威胁方法妨碍、抗拒执行情节严重或具有多项失信行为的，可以延长一至三年。 失信被执行人积极履行生效法律文书确定义务或主动纠正失信行为的，人民法院可以决定提前删除失信信息。 **适用指导** 对于行为失信情形设定纳入期限。但因“有履行能力拒不履行的”纳入失信的，仍无期限问题。	**《加快推进失信被执行人信用监督、警示、惩戒意见》** **四、完善相关制度机制** **（二）进一步完善失信被执行人名单制度** 4. 失信名单退出。失信被执行人全部履行了生效法律文书确定的义务，或与申请执行人达成执行和解协议并经申请执行人确认履行完毕，或案件依法终结执行等，人民法院要在3日内屏蔽或撤销其失信名单信息。屏蔽、撤销信息要及时向社会公开并通报给已推送单位。 5. 惩戒措施解除。失信名单被依法屏蔽、撤销的，各信用监督、警示和惩戒单位要及时解除对被执行人的惩戒措施。确需继续保留对被执行人信用

<table>
<tr><th>公布失信名单规定</th><th>相关规定</th></tr>
<tr><td></td><td>监督、警示和惩戒的，必须严格按照法律法规的有关规定实施，并明确继续保留的期限。</td></tr>
<tr><td>第三条　【不得纳入失信名单的情形】具有下列情形之一的，人民法院不得依据本规定第一条第一项的规定将被执行人纳入失信被执行人名单：
（一）提供了充分有效担保的；
（二）已被采取查封、扣押、冻结等措施的财产足以清偿生效法律文书确定债务的；
（三）被执行人履行顺序在后，对其依法不应强制执行的；
（四）其他不属于有履行能力而拒不履行生效法律文书确定义务的情形。

适用指导
首次明确不得纳入失信名单的情形。应当注意的是，本条也仅限于“有履行能力拒不履行”的情形，而不适用于行为失信。</td><td>《加快推进失信被执行人信用监督、警示、惩戒意见》
四、完善相关制度机制
（二）进一步完善失信被执行人名单制度
1. 完善名单纳入制度。各级人民法院要根据执行案件的办理权限，严格按照法定条件和程序决定是否将被执行人纳入失信名单。
《合同法》
第六十六条　当事人互负债务，没有先后履行顺序的，应当同时履行。一方在对方履行之前有权拒绝其履行要求。一方在对方履行债务不符合约定时，有权拒绝其相应的履行要求。
第六十七条　当事人互负债务，有先后履行顺序，先履行一方未履行的，后履行一方有权拒绝其履行要求。先履行一方履行债务不符合约定的，后履行一方有权拒绝其相应的履行要求。</td></tr>
</table>

公布失信名单规定	相关规定
	《查、扣、冻财产规定》 **第二十一条** 查封、扣押、冻结被执行人的财产，以其价额足以清偿法律文书确定的债权额及执行费用为限，不得明显超标的额查封、扣押、冻结。 发现超标的额查封、扣押、冻结的，人民法院应当根据被执行人的申请或者依职权，及时解除对超标的额部分财产的查封、扣押、冻结，但该财产为不可分物且被执行人无其他可供执行的财产或者其他财产不足以清偿债务的除外。
第四条 【未成年人保护的特别规定】被执行人为未成年人的，人民法院不得将其纳入失信被执行人名单。	**《民法总则》** **第十七条** 十八周岁以上的自然人为成年人。不满十八周岁的自然人为未成年人。 **第十八条** 成年人为完全民事行为能力人，可以独立实施民事法律行为。 十六周岁以上的未成年人，以自己的劳动收入为主要生活来源的，视为完全民事行为能力人。

公布失信名单规定	相关规定
	第十九条 八周岁以上的未成年人为限制民事行为能力人，实施民事法律行为由其法定代理人代理或者经其法定代理人同意、追认，但是可以独立实施纯获利益的民事法律行为或者与其年龄、智力相适应的民事法律行为。 **第二十条** 不满八周岁的未成年人为无民事行为能力人，由其法定代理人代理实施民事法律行为。 **第二十一条** 不能辨认自己行为的成年人为无民事行为能力人，由其法定代理人代理实施民事法律行为。 八周岁以上的未成年人不能辨认自己行为的，适用前款规定。 **第二十三条** 无民事行为能力人、限制民事行为能力人的监护人是其法定代理人。 **《民法通则》** **第十二条** 十周岁以上的未成年人是限制民事行为能力人，可以进行与他的年龄、智

公布失信名单规定	相关规定
	力相适应的民事活动；其他民事活动由他的法定代理人代理，或者征得他的法定代理人的同意。 不满十周岁的未成年人是无民事行为能力人，由他的法定代理人代理民事活动。 **第十四条** 无民事行为能力人、限制民事行为能力人的监护人是他的法定代理人。 **第十六条** 未成年人的父母是未成年人的监护人。 未成年人的父母已经死亡或者没有监护能力的，由下列人员中有监护能力的人担任监护人： （一）祖父母、外祖父母； （二）兄、姐； （三）关系密切的其他亲属、朋友愿意承担监护责任，经未成年人的父、母的所在单位或者未成年人住所地的居民委员会、村民委员会同意的。 对担任监护人有争议的，由未成年人的父、母的所在单位或者未成年人住所地的居民

公布失信名单规定	相关规定
	委员会、村民委员会在近亲属中指定。对指定不服提起诉讼的，由人民法院裁决。 没有第一款、第二款规定的监护人的，由未成年人的父、母的所在单位或者未成年人住所地的居民委员会、村民委员会或者民政部门担任监护人。 **《民通意见》** 3. 10周岁以上的未成年人进行的民事活动是否与其年龄、智力状况相适应，可以从行为与本人生活相关联的程度、本人的智力能否理解其行为，并预见相应的行为后果，以及行为标的数额等方面认定。 **《未成年人保护法》** **第二条** 本法所称未成年人是指未满十八周岁的公民。 **第五十条** 公安机关、人民检察院、人民法院以及司法行政部门，应当依法履行职责，在司法活动中保护未成年人的合法权益。 **第五十四条** 对违法犯罪的未成年人，实行教育、感化、

公布失信名单规定	相关规定
	挽救的方针，坚持教育为主、惩罚为辅的原则。 对违法犯罪的未成年人，应当依法从轻、减轻或者免除处罚。 **第五十五条** 公安机关、人民检察院、人民法院办理未成年人犯罪案件和涉及未成年人权益保护案件，应当照顾未成年人身心发展特点，尊重他们的人格尊严，保障他们的合法权益，并根据需要设立专门机构或者指定专人办理。
第五条 【纳入失信名单的程序】人民法院向被执行人发出的执行通知中，应当载明有关纳入失信被执行人名单的风险提示等内容。 申请执行人认为被执行人具有本规定第一条规定情形之一的，可以向人民法院申请将其纳入失信被执行人名单。人民法院应当自收到申请之日起十五日内审查并作出决定。人民法院认为被执行人具有本规	**2013年《公布失信被执行人规定》** **第二条** 人民法院向被执行人发出的《执行通知书》中，应当载明有关纳入失信被执行人名单的风险提示内容。 申请执行人认为被执行人存在本规定第一条所列失信行为之一的，可以向人民法院提出申请将该被执行人纳入失信被执行人名单，人民法院经审查后作出决定。人民法院认为

公布失信名单规定	相关规定
定第一条规定情形之一的，也可以依职权决定将其纳入失信被执行人名单。 人民法院决定将被执行人纳入失信被执行人名单的，应当制作决定书，决定书应当写明纳入失信被执行人名单的理由，有纳入期限的，应当写明纳入期限。决定书由院长签发，自作出之日起生效。决定书应当按照民事诉讼法规定的法律文书送达方式送达当事人。	被执行人存在本规定第一条所列失信行为之一的，也可以依职权作出将该被执行人纳入失信被执行人名单的决定。 人民法院决定将被执行人纳入失信被执行人名单的，应当制作决定书，决定书自作出之日起生效。决定书应当按照民事诉讼法规定的法律文书送达方式送达当事人。 **《加快推进失信被执行人信用监督、警示、惩戒意见》** **四、完善相关制度机制** **（二）进一步完善失信被执行人名单制度** 3. 风险提示与救济。在将被执行人纳入失信名单前，人民法院应当向被执行人发出风险提示通知。被执行人认为将其纳入失信名单错误的，可以自收到决定之日起10日内向作出决定的人民法院申请纠正，人民法院应当自收到申请之日起3日内审查，理由成立的，予以撤销；理由不成立的，予以驳回。被执行人对驳回不服

公布失信名单规定	相关规定
	的，可以向上一级人民法院申请复议。 **五、加强组织领导** **（四）加大宣传力度** 加大对失信被执行人名单和信用惩戒的宣传力度，充分发挥新闻媒体的宣传、监督和舆论引导作用。利用报纸、广播、电视、网络等媒体，依法将失信被执行人信息、受惩戒情况等公之于众，形成舆论压力，扩大失信被执行人名单制度的影响力和警示力。 **《公布失信名单通知》** **二、《若干规定》适用中应当注意的问题** （二）关于被执行人风险提示的形式。根据《若干规定》第二条第一款的规定，人民法院应当向被执行人作出有可能被纳入失信被执行人名单的风险提示。对于2013年10月1日前已经立案、向被执行人送达了执行通知书且2013年10月1日之后仍未执行完毕的案件，对被执行人的风险提示

公布失信名单规定	相关规定
	将由我院在《人民法院报》上以公告形式统一作出；对于2013年10月1日之后立案进入执行程序的案件，各级法院应当按照《若干规定》第二条第一款的要求，在向被执行人发出的执行通知书中载明有关纳入失信被执行人名单的风险提示内容。 **《民事诉讼法》** **第二百四十条** 执行员接到申请执行书或者移交执行书，应当向被执行人发出执行通知，并可以立即采取强制执行措施。 **第八十四条** 送达诉讼文书必须有送达回证，由受送达人在送达回证上记明收到日期，签名或者盖章。 受送达人在送达回证上的签收日期为送达日期。 **第八十五条** 送达诉讼文书，应当直接送交受送达人。受送达人是公民的，本人不在交他的同住成年家属签收；受送达人是法人或者其他组织的，

公布失信名单规定	相关规定
	应当由法人的法定代表人、其他组织的主要负责人或者该法人、组织负责收件的人签收；受送达人有诉讼代理人的，可以送交其代理人签收；受送达人已向人民法院指定代收人的，送交代收人签收。 受送达人的同住成年家属，法人或者其他组织的负责收件的人，诉讼代理人或者代收人在送达回证上签收的日期为送达日期。 **第八十六条** 受送达人或者他的同住成年家属拒绝接收诉讼文书的，送达人可以邀请有关基层组织或者所在单位的代表到场，说明情况，在送达回证上记明拒收事由和日期，由送达人、见证人签名或者盖章，把诉讼文书留在受送达人的住所；也可以把诉讼文书留在受送达人的住所，并采用拍照、录像等方式记录送达过程，即视为送达。 **第八十七条** 经受送达人同意，人民法院可以采用传真、

公布失信名单规定	相关规定
	电子邮件等能够确认其收悉的方式送达诉讼文书，但判决书、裁定书、调解书除外。 采用前款方式送达的，以传真、电子邮件等到达受送达人特定系统的日期为送达日期。 **第八十八条** 直接送达诉讼文书有困难的，可以委托其他人民法院代为送达，或者邮寄送达。邮寄送达的，以回执上注明的收件日期为送达日期。 **第八十九条** 受送达人是军人的，通过其所在部队团以上单位的政治机关转交。 **第九十条** 受送达人被监禁的，通过其所在监所转交。 受送达人被采取强制性教育措施的，通过其所在强制性教育机构转交。 **第九十一条** 代为转交的机关、单位收到诉讼文书后，必须立即交受送达人签收，以在送达回证上的签收日期，为送达日期。

公布失信名单规定	相关规定
	第九十二条 受送达人下落不明，或者用本节规定的其他方式无法送达的，公告送达。自发出公告之日起，经过六十日，即视为送达。 公告送达，应当在案卷中记明原因和经过。 **《民事诉讼法解释》** **第一百三十条** 向法人或者其他组织送达诉讼文书，应当由法人的法定代表人、该组织的主要负责人或者办公室、收发室、值班室等负责收件的人签收或者盖章，拒绝签收或者盖章的，适用留置送达。 民事诉讼法第八十六条规定的有关基层组织和所在单位的代表，可以是受送达人住所地的居民委员会、村民委员会的工作人员以及受送达人所在单位的工作人员。 **第一百三十一条** 人民法院直接送达诉讼文书的，可以通知当事人到人民法院领取。当事人到达人民法院，拒绝签署送达回证的，视为送达。审

公布失信名单规定	相关规定
	判人员、书记员应当在送达回证上注明送达情况并签名。 人民法院可以在当事人住所地以外向当事人直接送达诉讼文书。当事人拒绝签署送达回证的，采用拍照、录像等方式记录送达过程即视为送达。审判人员、书记员应当在送达回证上注明送达情况并签名。 **第一百三十二条** 受送达人有诉讼代理人的，人民法院既可以向受送达人送达，也可以向其诉讼代理人送达。受送达人指定诉讼代理人为代收人的，向诉讼代理人送达时，适用留置送达。 **第一百三十三条** 调解书应当直接送达当事人本人，不适用留置送达。当事人本人因故不能签收的，可由其指定的代收人签收。 **第一百三十四条** 依照民事诉讼法第八十八条规定，委托其他人民法院代为送达的，委托法院应当出具委托函，并附需要送达的诉讼文书和送达

公布失信名单规定	相关规定
	回证，以受送达人在送达回证上签收的日期为送达日期。 委托送达的，受委托人民法院应当自收到委托函及相关诉讼文书之日起十日内代为送达。 **第一百三十五条** 电子送达可以采用传真、电子邮件、移动通信等即时收悉的特定系统作为送达媒介。 民事诉讼法第八十七条第二款规定的到达受送达人特定系统的日期，为人民法院对应系统显示发送成功的日期，但受送达人证明到达其特定系统的日期与人民法院对应系统显示发送成功的日期不一致的，以受送达人证明到达其特定系统的日期为准。 **第一百三十六条** 受送达人同意采用电子方式送达的，应当在送达地址确认书中予以确认。 **第一百三十七条** 当事人在提起上诉、申请再审、申请执行时未书面变更送达地址的，

公布失信名单规定	相关规定
	其在第一审程序中确认的送达地址可以作为第二审程序、审判监督程序、执行程序的送达地址。 　　**第一百三十八条**　公告送达可以在法院的公告栏和受送达人住所地张贴公告，也可以在报纸、信息网络等媒体上刊登公告，发出公告日期以最后张贴或者刊登的日期为准。对公告送达方式有特殊要求的，应当按要求的方式进行。公告期满，即视为送达。 　　人民法院在受送达人住所地张贴公告的，应当采取拍照、录像等方式记录张贴过程。 　　**第一百三十九条**　公告送达应当说明公告送达的原因；公告送达起诉状或者上诉状副本的，应当说明起诉或者上诉要点，受送达人答辩期限及逾期不答辩的法律后果；公告送达传票，应当说明出庭的时间和地点及逾期不出庭的法律后果；公告送达判决书、裁定书的，应当说明裁判主要内容，

公布失信名单规定	相关规定
	当事人有权上诉的，还应当说明上诉权利、上诉期限和上诉的人民法院。 **《法院专递方式送达文书规定》** 为保障和方便双方当事人依法行使诉讼权利，根据《中华人民共和国民事诉讼法》的有关规定，结合民事审判经验和各地的实际情况，制定本规定。 **第一条** 人民法院直接送达诉讼文书有困难的，可以交由国家邮政机构（以下简称邮政机构）以法院专递方式邮寄送达，但有下列情形之一的除外： （一）受送达人或者其诉讼代理人、受送达人指定的代收人同意在指定的期间内到人民法院接受送达的； （二）受送达人下落不明的； （三）法律规定或者我国缔结或者参加的国际条约中约定有特别送达方式的。

公布失信名单规定	相关规定
	第二条 以法院专递方式邮寄送达民事诉讼文书的，其送达与人民法院送达具有同等法律效力。 **第三条** 当事人起诉或者答辩时应当向人民法院提供或者确认自己准确的送达地址，并填写送达地址确认书。当事人拒绝提供的，人民法院应当告知其拒不提供送达地址的不利后果，并记入笔录。 **第四条** 送达地址确认书的内容应当包括送达地址的邮政编码、详细地址以及受送达人的联系电话等内容。 当事人要求对送达地址确认书中的内容保密的，人民法院应当为其保密。 当事人在第一审、第二审和执行终结前变更送达地址的，应当及时以书面方式告知人民法院。 **第五条** 当事人拒绝提供自己的送达地址，经人民法院告知后仍不提供的，自然人以其户籍登记中的住所地或者经

公布失信名单规定	相关规定
	常居住地为送达地址；法人或者其他组织以其工商登记或者其他依法登记、备案中的住所地为送达地址。 **第六条** 邮政机构按照当事人提供或者确认的送达地址送达的，应当在规定的日期内将回执退回人民法院。 邮政机构按照当事人提供或确认的送达地址在五日内投送三次以上未能送达，通过电话或者其他联系方式又无法告知受送达人的，应当将邮件在规定的日期内退回人民法院，并说明退回的理由。 **第七条** 受送达人指定代收人的，指定代收人的签收视为受送达人本人签收。 邮政机构在受送达人提供或确认的送达地址未能见到受送达人的，可以将邮件交给与受送达人同住的成年家属代收，但代收人是同一案件中另一方当事人的除外。 **第八条** 受送达人及其代收人应当在邮件回执上签名、盖章或者捺印。

公布失信名单规定	相关规定
	受送达人及其代收人在签收时应当出示其有效身份证件并在回执上填写该证件的号码；受送达人及其代收人拒绝签收的，由邮政机构的投递员记明情况后将邮件退回人民法院。 **第九条** 有下列情形之一的，即为送达： （一）受送达人在邮件回执上签名、盖章或者捺印的； （二）受送达人是无民事行为能力或者限制民事行为能力的自然人，其法定代理人签收的； （三）受送达人是法人或者其他组织，其法人的法定代表人、该组织的主要负责人或者办公室、收发室、值班室的工作人员签收的； （四）受送达人的诉讼代理人签收的； （五）受送达人指定的代收人签收的； （六）受送达人的同住成年家属签收的。 **第十条** 签收人是受送达人本人或者是受送达人的法定

公布失信名单规定	相关规定
	代表人、主要负责人、法定代理人、诉讼代理人的，签收人应当当场核对邮件内容。签收人发现邮件内容与回执上的文书名称不一致的，应当当场向邮政机构的投递员提出，由投递员在回执上记明情况后将邮件退回人民法院。 签收人是受送达人办公室、收发室和值班室的工作人员或者是与受送达人同住成年家属，受送达人发现邮件内容与回执上的文书名称不一致的，应当在收到邮件后的三日内将该邮件退回人民法院，并以书面方式说明退回的理由。 **第十一条** 因受送达人自己提供或者确认的送达地址不准确、拒不提供送达地址、送达地址变更未及时告知人民法院、受送达人本人或者受送达人指定的代收人拒绝签收，导致诉讼文书未能被受送达人实际接收的，文书退回之日视为送达之日。

公布失信名单规定	相关规定
	受送达人能够证明自己在诉讼文书送达的过程中没有过错的，不适用前款规定。 **第十二条** 本规定自2005年1月1日起实施。 我院以前的司法解释与本规定不一致的，以本规定为准。
第六条 【失信名单信息的内容】 记载和公布的失信被执行人名单信息应当包括： （一）作为被执行人的法人或者其他组织的名称、统一社会信用代码（或组织机构代码）、法定代表人或者负责人姓名； （二）作为被执行人的自然人的姓名、性别、年龄、身份证号码； （三）生效法律文书确定的义务和被执行人的履行情况； （四）被执行人失信行为的具体情形； （五）执行依据的制作单位和文号、执行案号、立案时间、执行法院；	2013年**《公布失信被执行人规定》** **第四条** 记载和公布的失信被执行人名单信息应当包括： （一）作为被执行人的法人或者其他组织的名称、组织机构代码、法定代表人或者负责人姓名； （二）作为被执行人的自然人的姓名、性别、年龄、身份证号码； （三）生效法律文书确定的义务和被执行人的履行情况； （四）被执行人失信行为的具体情形； （五）执行依据的制作单位和文号、执行案号、立案时间、执行法院；

公布失信名单规定	相关规定
（六）人民法院认为应当记载和公布的不涉及国家秘密、商业秘密、个人隐私的其他事项。	（六）人民法院认为应当记载和公布的不涉及国家秘密、商业秘密、个人隐私的其他事项。 **《加快推进失信被执行人信用监督、警示、惩戒意见》** **四、完善相关制度机制** **（二）进一步完善失信被执行人名单制度** 2. 确保名单信息准确规范。人民法院要建立严格的操作规程和审核纠错机制，确保失信被执行人名单信息准确规范。 **《公布失信名单通知》** **二、《若干规定》适用中应当注意的问题** （四）失信被执行人身份信息的公布。《若干规定》第四条第（二）项明确要求在公布失信被执行人名单信息时，应当公布作为失信被执行人的自然人的身份证号码。身份证号码属于特征组合码，由十七位数字本体码和一位校验码组成。排列顺序从左至右依次为六位数字地址码，八位数字出生日期码，三位数字顺序码和

公布失信名单规定	相关规定
	一位校验码。为保证最高人民法院失信被执行人名单库数据的准确性，各地法院在将失信被执行人身份信息录入该名单库时，必须录入被执行人的全部身份证号码。在对失信被执行人的身份证号码进行公布时，应当区分两种情况：一是向相关单位定向通报时，应当通报失信被执行人的全部身份证号码，以确保信息使用单位能够有效利用失信被执行人名单信息；二是在向社会公布时，为避免身份证号码对外公布后被滥用，可以采取技术手段隐蔽身份证号码中表示出生月、日的号段后予以公布。
第七条　【失信名单的推送与公布】各级人民法院应当将失信被执行人名单信息录入最高人民法院失信被执行人名单库，并通过该名单库统一向社会公布。 各级人民法院可以根据各地实际情况，将失信被执行人	**2013 年《公布失信被执行人规定》** **第五条**　各级人民法院应当将失信被执行人名单信息录入最高人民法院失信被执行人名单库，并通过该名单库统一向社会公布。 各级人民法院可以根据各地实际情况，将失信被执行人

公布失信名单规定	相关规定
名单通过报纸、广播、电视、网络、法院公告栏等其他方式予以公布，并可以采取新闻发布会或者其他方式对本院及辖区法院实施失信被执行人名单制度的情况定期向社会公布。	名单通过报纸、广播、电视、网络、法院公告栏等其他方式予以公布，并可以采取新闻发布会或者其他方式对本院及辖区法院实施失信被执行人名单制度的情况定期向社会公布。 **《执行程序解释》** **第三十九条** 依照民事诉讼法第二百三十一条的规定，执行法院可以依职权或者依申请执行人的申请，将被执行人不履行法律文书确定义务的信息，通过报纸、广播、电视、互联网等媒体公布。 媒体公布的有关费用，由被执行人负担；申请执行人申请在媒体公布的，应当垫付有关费用。 **《加快推进失信被执行人信用监督、警示、惩戒意见》** **三、加强信息公开与共享** （一）失信信息公开 人民法院要及时准确更新失信被执行人名单信息，并通过全国法院失信被执行人名单信息公布与查询平台、有关网

公布失信名单规定	相关规定
	站、移动客户端、户外媒体等多种形式向社会公开，供公众免费查询；根据联合惩戒工作需要，人民法院可以向有关单位推送名单信息，供其结合自身工作依法使用名单信息。对依法不宜公开失信信息的被执行人，人民法院要通报其所在单位，由其所在单位依纪依法处理。 （二）纳入政府政务公开 各地区各部门要按照中共中央办公厅、国务院办公厅印发的《关于全面推进政务公开工作的意见》的有关要求，将失信被执行人信用监督、警示和惩戒信息列入政务公开事项，对失信被执行人信用监督、警示和惩戒要依据部门权力清单、责任清单和负面清单依法开展。 （三）信用信息共享 各地区各部门之间要进一步打破信息壁垒，实现信息共享，通过全国信用信息共享平台，加快推进失信被执行人信息与公安、民政、人力资源社

公布失信名单规定	相关规定
	会保障、国土资源、住房城乡建设、财政、金融、税务、工商、安全监管、证券、科技等部门信用信息资源共享，推进失信被执行人信息与有关人民团体、社会组织、企事业单位信用信息资源共享。 （四）共享体制机制建设 加快推进失信被执行人信用信息共享体制机制建设，建立健全政府与征信机构、信用评级机构、金融机构、社会组织之间的信用信息共享机制。建立社会信用档案制度，将失信被执行人信息作为重要信用评价指标纳入社会信用评价体系。
第八条　【联合信用惩戒的规定】人民法院应当将失信被执行人名单信息，向政府相关部门、金融监管机构、金融机构、承担行政职能的事业单位及行业协会等通报，供相关单位依照法律、法规和有关规定，在政府采购、招标投标、行政审批、政府扶持、融资信	**2013 年《公布失信被执行人规定》** **第六条**　人民法院应当将失信被执行人名单信息，向政府相关部门、金融监管机构、金融机构、承担行政职能的事业单位及行业协会等通报，供相关单位依照法律、法规和有关规定，在政府采购、招标投

公布失信名单规定	相关规定
贷、市场准入、资质认定等方面，对失信被执行人予以信用惩戒。 人民法院应当将失信被执行人名单信息向征信机构通报，并由征信机构在其征信系统中记录。 国家工作人员、人大代表、政协委员等被纳入失信被执行人名单的，人民法院应当将失信情况通报其所在单位和相关部门。 国家机关、事业单位、国有企业等被纳入失信被执行人名单的，人民法院应当将失信情况通报其上级单位、主管部门或者履行出资人职责的机构。	标、行政审批、政府扶持、融资信贷、市场准入、资质认定等方面，对失信被执行人予以信用惩戒。 人民法院应当将失信被执行人名单信息向征信机构通报，并由征信机构在其征信系统中记录。 失信被执行人是国家工作人员的，人民法院应当将其失信情况通报其所在单位。 失信被执行人是国家机关、国有企业的，人民法院应当将其失信情况通报其上级单位或者主管部门。 **《加快推进失信被执行人信用监督、警示、惩戒意见》** **二、加强联合惩戒** （一）从事特定行业或项目限制 1. 设立金融类公司限制。将失信被执行人相关信息作为设立银行业金融机构及其分支机构，以及参股、收购银行业金融机构审批的审慎性参考，作为设立证券公司、基金管理

公布失信名单规定	相关规定
	公司、期货公司审批，私募投资基金管理人登记的审慎性参考。限制失信被执行人设立融资性担保公司、保险公司。 2. 发行债券限制。对失信被执行人在银行间市场发行债券从严审核，限制失信被执行人公开发行公司债券。 3. 合格投资者额度限制。在合格境外机构投资者、合格境内机构投资者额度审批和管理中，将失信状况作为审慎性参考依据。 4. 股权激励限制。失信被执行人为境内国有控股上市公司的，协助中止其股权激励计划；对失信被执行人为境内国有控股上市公司股权激励对象的，协助终止其行权资格。 5. 股票发行或挂牌转让限制。将失信被执行人信息作为股票发行和在全国中小企业股份转让系统挂牌公开转让股票审核的参考。 6. 设立社会组织限制。将失信被执行人信息作为发起设

公布失信名单规定	相关规定
	立社会组织审批登记的参考，限制失信被执行人发起设立社会组织。 7. 参与政府投资项目或主要使用财政性资金项目限制。协助人民法院查询政府采购项目信息；依法限制失信被执行人作为供应商参加政府采购活动；依法限制失信被执行人参与政府投资项目或主要使用财政性资金项目。 （二）政府支持或补贴限制 1. 获取政府补贴限制。限制失信被执行人申请政府补贴资金和社会保障资金支持。 2. 获得政策支持限制。在审批投资、进出口、科技等政策支持的申请时，查询相关机构及其法定代表人、实际控制人、董事、监事、高级管理人员是否为失信被执行人，作为其享受该政策的审慎性参考。 （三）任职资格限制 1. 担任国企高管限制。失信被执行人为个人的，限制其担任国有独资公司、国有资本

公布失信名单规定	相关规定
	控股公司董事、监事、高级管理人员，以及国有资本参股公司国有股权方派出或推荐的董事、监事、高级管理人员；已担任相关职务的，按照有关程序依法免去其职务。 2. 担任事业单位法定代表人限制。失信被执行人为个人的，限制其登记为事业单位法定代表人。 3. 担任金融机构高管限制。限制失信被执行人担任银行业金融机构、证券公司、基金管理公司、期货公司、保险公司、融资性担保公司的董事、监事、高级管理人员。 4. 担任社会组织负责人限制。失信被执行人为个人的，限制其登记或备案为社会组织负责人。 5. 招录（聘）为公务人员限制。限制招录（聘）失信被执行人为公务员或事业单位工作人员，在职公务员或事业单位工作人员被确定为失信被执行人的，失信情况应作为其评先、评优、晋职晋级的参考。

公布失信名单规定	相关规定
	6. 入党或党员的特别限制。将严格遵守法律、履行生效法律文书确定的义务情况，作为申请加入中国共产党、预备党员转为正式党员以及党员评先、评优、晋职晋级的重要参考。 7. 担任党代表、人大代表和政协委员限制。失信被执行人为个人的，不作为组织推荐的各级党代会代表、各级人大代表和政协委员候选人。 8. 入伍服役限制。失信被执行人为个人的，将其失信情况作为入伍服役和现役、预备役军官评先、评优、晋职晋级的重要参考。 （四）准入资格限制 1. 海关认证限制。限制失信被执行人成为海关认证企业；在失信被执行人办理通关业务时，实施严密监管，加强单证审核或布控查验。 2. 从事药品、食品等行业限制。对失信被执行人从事药品、食品安全行业从严审批；

公布失信名单规定	相关规定
	限制失信被执行人从事危险化学品生产经营储存、烟花爆竹生产经营、矿山生产和安全评价、认证、检测、检验等行业；限制失信被执行人担任上述行业单位主要负责人及董事、监事、高级管理人员，已担任相关职务的，按规定程序要求予以变更。 3. 房地产、建筑企业资质限制。将房地产、建筑企业不依法履行生效法律文书确定的义务情况，记入房地产和建筑市场信用档案，向社会披露有关信息，对其企业资质作出限制。 （五）荣誉和授信限制 1. 授予文明城市、文明村镇、文明单位、文明家庭、道德模范、慈善类奖项限制。将履行人民法院生效裁判情况作为评选文明村镇、文明单位、文明家庭的前置条件，作为文明城市测评的指标内容。有关机构及其法定代表人、实际控制人、董事、监事、高级管理

公布失信名单规定	相关规定
	人员为失信被执行人的，不得参加文明单位、慈善类奖项评选，列入失信被执行人后取得的文明单位荣誉称号、慈善类奖项予以撤销。失信被执行人为个人的，不得参加道德模范、慈善类奖项评选，列入失信被执行人后获得的道德模范荣誉称号、慈善类奖项予以撤销。 2. 律师和律师事务所荣誉限制。协助人民法院查询失信被执行人的律师身份信息、律师事务所登记信息；失信被执行人为律师、律师事务所的，在一定期限内限制其参与评先、评优。 3. 授信限制。银行业金融机构在融资授信时要查询拟授信对象及其法定代表人、主要负责人、实际控制人、董事、监事、高级管理人员是否为失信被执行人，对拟授信对象为失信被执行人的，要从严审核。 （六）特殊市场交易限制 1. 从事不动产交易、国有资产交易限制。协助人民法院

公布失信名单规定	相关规定
	查询不动产登记情况，限制失信被执行人及失信被执行人的法定代表人、主要负责人、实际控制人、影响债务履行的直接责任人员购买或取得房产、土地使用权等不动产；限制失信被执行人从事土地、矿产等不动产资源开发利用，参与国有企业资产、国家资产等国有产权交易。 2. 使用国有林地限制。限制失信被执行人申报使用国有林地项目；限制其申报重点林业建设项目。 3. 使用草原限制。限制失信被执行人申报草原征占用项目；限制其申报承担国家草原保护建设项目。 4. 其他国有自然资源利用限制。限制失信被执行人申报水流、海域、无居民海岛、山岭、荒地、滩涂等国有自然资源利用项目以及重点自然资源保护建设项目。 （七）限制高消费及有关消费

公布失信名单规定	相关规定
	1. 乘坐火车、飞机限制。限制失信被执行人及失信被执行人的法定代表人、主要负责人、实际控制人、影响债务履行的直接责任人员乘坐列车软卧、G字头动车组列车全部座位、其他动车组列车一等以上座位、民航飞机等非生活和工作必需的消费行为。 2. 住宿宾馆饭店限制。限制失信被执行人及失信被执行人的法定代表人、主要负责人、实际控制人、影响债务履行的直接责任人员住宿星级以上宾馆饭店、国家一级以上酒店及其他高消费住宿场所；限制其在夜总会、高尔夫球场等高消费场所消费。 3. 高消费旅游限制。限制失信被执行人及失信被执行人的法定代表人、主要负责人、实际控制人、影响债务履行的直接责任人员参加旅行社组织的团队出境旅游，以及享受旅行社提供的与出境旅游相关的其他服务；对失信被执行人在

公布失信名单规定	相关规定
	获得旅游等级评定的度假区内或旅游企业内消费实行限额控制。 4. 子女就读高收费学校限制。限制失信被执行人及失信被执行人的法定代表人、主要负责人、实际控制人、影响债务履行的直接责任人员以其财产支付子女入学就读高收费私立学校。 5. 购买具有现金价值保险限制。限制失信被执行人及失信被执行人的法定代表人、主要负责人、实际控制人、影响债务履行的直接责任人员支付高额保费购买具有现金价值的保险产品。 6. 新建、扩建、高档装修房屋等限制。限制失信被执行人及失信被执行人的法定代表人、主要负责人、实际控制人、影响债务履行的直接责任人员新建、扩建、高档装修房屋，购买非经营必需车辆等非生活和工作必需的消费行为。 （八）协助查询、控制及出境限制

公布失信名单规定	相关规定
	协助人民法院依法查询失信被执行人身份、出入境证件信息及车辆信息，协助查封、扣押失信被执行人名下的车辆，协助查找、控制下落不明的失信被执行人，限制失信被执行人出境。 （九）加强日常监管检查 将失信被执行人和以失信被执行人为法定代表人、主要负责人、实际控制人、董事、监事、高级管理人员的单位，作为重点监管对象，加大日常监管力度，提高随机抽查的比例和频次，并可依据相关法律法规对其采取行政监管措施。 （十）加大刑事惩戒力度 公安、检察机关和人民法院对拒不执行生效判决、裁定以及其他妨碍执行构成犯罪的行为，要及时依法侦查、提起公诉和审判。 （十一）鼓励其他方面限制 鼓励各级党政机关、人民团体、社会组织、企事业单位使用失信被执行人名单信息，

公布失信名单规定	相关规定
	结合各自主管领域、业务范围、经营活动，实施对失信被执行人的信用监督、警示和惩戒。
第九条　【撤销与更正失信信息】不应纳入失信被执行人名单的公民、法人或其他组织被纳入失信被执行人名单的，人民法院应当在三个工作日内撤销失信信息。 记载和公布的失信信息不准确的，人民法院应当在三个工作日内更正失信信息。	
第十条　【删除失信信息的情形】具有下列情形之一的，人民法院应当在三个工作日内删除失信信息： （一）被执行人已履行生效法律文书确定的义务或人民法院已执行完毕的； （二）当事人达成执行和解协议且已履行完毕的； （三）申请执行人书面申请删除失信信息，人民法院审查同意的； （四）终结本次执行程序	**2013 年《公布失信被执行人规定》** **第七条**　失信被执行人符合下列情形之一的，人民法院应当将其有关信息从失信被执行人名单库中删除： （一）全部履行了生效法律文书确定义务的； （二）与申请执行人达成执行和解协议并经申请执行人确认履行完毕的； （三）人民法院依法裁定终结执行的。

公布失信名单规定	相关规定
后，通过网络执行查控系统查询被执行人财产两次以上，未发现有可供执行财产，且申请执行人或者其他人未提供有效财产线索的； （五）因审判监督或破产程序，人民法院依法裁定对失信被执行人中止执行的； （六）人民法院依法裁定不予执行的； （七）人民法院依法裁定终结执行的。 有纳入期限的，不适用前款规定。纳入期限届满后三个工作日内，人民法院应当删除失信信息。 依照本条第一款规定删除失信信息后，被执行人具有本规定第一条规定情形之一的，人民法院可以重新将其纳入失信被执行人名单。 依照本条第一款第三项规定删除失信信息后六个月内，申请执行人申请将该被执行人纳入失信被执行人名单的，人民法院不予支持。	**《公布失信名单通知》** **二、《若干规定》适用中应当注意的问题** （五）关于失信被执行人名单信息的删除。被纳入失信被执行人名单的被执行人符合《若干规定》第七条列举情形之一的，各级人民法院应当及时将其相关信息从失信被执行人名单库中删除，并及时通报《若干规定》中第六条列明的机构或部门。对于已经通报给这些单位和部门的被执行人失信信息，由相关单位依照相关法律、法规的规定决定其保存期限。 **《终本规定》** **第一条**　人民法院终结本次执行程序，应当同时符合下列条件： …… （二）已向被执行人发出限制消费令，并将符合条件的被执行人纳入失信被执行人名单； ……

公布失信名单规定	相关规定
适用指导 本条在适用中需要注意的是终本后删除失信信息的问题。 首先，并非所有被纳入失信的，都需要在终本后删除，只有因有履行能力不履行被纳入失信的，才需要在终本后删除； 其次，虽然系因有履行能力不履行而被纳入失信，也只有在满足下述条件时，才需要在终本后删除失信信息，即（1）终本后再通过网络执行查控系统查询被执行人财产两次以上；（2）未发现有可供执行财产，（3）且申请执行人或他人未能提供财产线索的。	**《限制高消费规定》** **第一条**　被执行人未按执行通知书指定的期间履行生效法律文书确定的给付义务的，人民法院可以采取限制消费措施，限制其高消费及非生活或者经营必需的有关消费。 纳入失信被执行人名单的被执行人，人民法院应当对其采取限制消费措施。
第十一条　【申请执行人的纠正权】被纳入失信被执行人名单的公民、法人或其他组织认为有下列情形之一的，可以向执行法院申请纠正：	2013年**《公布失信被执行人规定》** **第三条**　被执行人认为将其纳入失信被执行人名单错误的，可以向人民法院申请纠正。被执行人是自然人的，一般应

公布失信名单规定	相关规定
（一）不应将其纳入失信被执行人名单的； （二）记载和公布的失信信息不准确的； （三）失信信息应予删除的。	由被执行人本人到人民法院提出并说明理由；被执行人是法人或者其他组织的，一般应由被执行人的法定代表人或者负责人本人到人民法院提出并说明理由。人民法院经审查认为理由成立的，应当作出决定予以纠正。
第十二条　【纠正的程序与救济】公民、法人或其他组织对被纳入失信被执行人名单申请纠正的，执行法院应当自收到书面纠正申请之日起十五日内审查，理由成立的，应当在三个工作日内纠正；理由不成立的，决定驳回。公民、法人或其他组织对驳回决定不服的，可以自决定书送达之日起十日内向上一级人民法院申请复议。上一级人民法院应当自收到复议申请之日起十五日内作出决定。 复议期间，不停止原决定的执行。	**《公布失信名单通知》** **二、《若干规定》适用中应当注意的问题** （三）关于被执行人对纳入失信被执行人名单提出纠正申请的处理。根据《若干规定》第三条，如果被执行人认为将其纳入失信被执行人名单错误的，可以向人民法院申请纠正。人民法院经审查认为理由成立的，应当作出决定予以纠正；人民法院经审查认为理由不成立的，也需要作出决定予以驳回。纠正及驳回的决定，均应制作决定书并送达申请人。

公布失信名单规定	相关规定
适用指导 明确了对纠正及驳回决定不服时的救济程序。	
第十三条　【法院工作人员的责任】人民法院工作人员违反本规定公布、撤销、更正、删除失信信息的，参照有关规定追究责任。	**《加快推进失信被执行人信用监督、警示、惩戒意见》** **四、完善相关制度机制** **（二）进一步完善失信被执行人名单制度** 6. 责任追究。进一步完善责任追究制度，对应当纳入而不纳入、违法纳入以及不按规定屏蔽、撤销失信名单等行为，要按照有关规定追究责任。

《最高人民法院关于民事执行中财产调查若干问题的规定》适用指导与条文对照

财产调查规定	相关规定
为规范民事执行财产调查，维护当事人及利害关系人的合法权益，根据《中华人民共和国民事诉讼法》等法律的规定，结合执行实践，制定本规定。	**《民事诉讼法》** **第六十七条第一款** 人民法院有权向有关单位和个人调查取证，有关单位和个人不得拒绝。 **第二百四十二条第一款** 被执行人未按执行通知履行法律文书确定的义务，人民法院有权向有关单位查询被执行人的存款、债券、股票、基金份额等财产情况。人民法院有权根据不同情形扣押、冻结、划拨、变价被执行人的财产。人民法院查询、扣押、冻结、划拨、变价的财产不得超出被执行人应当履行义务的范围。 **《律师法》** **第三十五条** 受委托的律师根据案情的需要，可以申请人民检察院、人民法院收集、调取证据或者申请人民法院通知证人出庭作证。 律师自行调查取证的，凭律师执业证书和律师事务所证明，可以向有关单位或者个人调查与承办法律事务有关的情况。

财产调查规定	相关规定
第一条　【财产查明的途径】执行过程中，申请执行人应当提供被执行人的财产线索；被执行人应当如实报告财产；人民法院应当通过网络执行查控系统进行调查，根据案件需要应当通过其他方式进行调查的，同时采取其他调查方式。	**《民事诉讼法》** **第二百四十二条第一款**　被执行人未按执行通知履行法律文书确定的义务，人民法院有权向有关单位查询被执行人的存款、债券、股票、基金份额等财产情况。人民法院有权根据不同情形扣押、冻结、划拨、变价被执行人的财产。人民法院查询、扣押、冻结、划拨、变价的财产不得超出被执行人应当履行义务的范围。 **《执行工作规定》** 20. 申请执行，应向人民法院提交下列文件和证件： （1）申请执行书。申请执行书中应当写明申请执行的理由、事项、执行标的，以及申请执行人所了解的被执行人的财产状况。 **第二十八条**　申请执行人应当向人民法院提供其所了解的被执行人的财产状况或线索。被执行人必须如实向人民法院报告其财产状况。

财产调查规定	相关规定
	人民法院在执行中有权向被执行人、有关机关、社会团体、企业事业单位或公民个人，调查了解被执行人的财产状况，对调查所需的材料可以进行复制、抄录或拍照，但应当依法保密。 **《制裁规避执行意见》** 2. 强化申请执行人提供财产线索的责任。各地法院可以根据案件的实际情况，要求申请执行人提供被执行人的财产状况或者财产线索，并告知不能提供的风险。各地法院也可根据本地的实际情况，探索尝试以调查令、委托调查函等方式赋予代理律师法律规定范围内的财产调查权。 3. 加强人民法院依职权调查财产的力度。各地法院要充分发挥执行联动机制的作用，完善与金融、房地产管理、国土资源、车辆管理、工商管理等各有关单位的财产查控网络，细化协助配合措施，进一步拓宽财产调查渠道，简化财产调查手续，提高财产调查效率。

财产调查规定	相关规定
第二条　【申请执行人提供财产线索】申请执行人提供被执行人财产线索，应当填写财产调查表。财产线索明确、具体的，人民法院应当在七日内调查核实；情况紧急的，应当在三日内调查核实。财产线索确实的，人民法院应当及时采取相应的执行措施。 申请执行人确因客观原因无法自行查明财产的，可以申请人民法院调查。	**《执行案件期限规定》** **第三条**　承办人收到案件材料后，经审查认为情况紧急、需立即采取执行措施的，经批准后可立即采取相应的执行措施。 **第五条**　承办人应当在收到案件材料后3日内通知申请执行人提供被执行人财产状况或财产线索。 **第六条**　申请执行人提供了明确、具体的财产状况或财产线索的，承办人应当在申请执行人提供财产状况或财产线索后5日内进行查证、核实。情况紧急的，应当立即予以核查。 申请执行人无法提供被执行人财产状况或财产线索，或者提供财产状况或财产线索确有困难，需人民法院进行调查的，承办人应当在申请执行人提出调查申请后10日内启动调查程序。 根据案件具体情况，承办人一般应当在1个月内完成对

财产调查规定	相关规定
	被执行人收入、银行存款、有价证券、不动产、车辆、机器设备、知识产权、对外投资权益及收益、到期债权等资产状况的调查。
第三条 【财产报告制度启动及报告义务人】人民法院依申请执行人的申请或依职权责令被执行人报告财产情况的，应当向其发出报告财产令。金钱债权执行中，报告财产令应当与执行通知同时发出。 人民法院根据案件需要再次责令被执行人报告财产情况的，应当重新向其发出报告财产令。 **适用指导** 本条在适用中需要注意问题：第一，对于金钱债权执行案件，应当在发出执行通知书的同时一并发出报告财产令；第二，为明确被执行人的财产义务，如果需要再次责令被执行人报告的，应当重新发出财产报告令，但履行补充报告义务不在此限。	**《民事诉讼法》** **第二百四十条** 执行员接到申请执行书或者移交执行书，应当向被执行人发出执行通知，并可以立即采取强制执行措施。 **第二百四十一条** 被执行人未按执行通知履行法律文书确定的义务，应当报告当前以及收到执行通知之日前一年的财产情况。被执行人拒绝报告或者虚假报告的，人民法院可以根据情节轻重对被执行人或者其法定代理人、有关单位的主要负责人或者直接责任人员予以罚款、拘留。 **《执行工作规定》** 28. **第一款** 申请执行人应当向人民法院提供其所了解的被执行人的财产状况或线索。 被执行人必须如实向人民法院报告其财产状况。

财产调查规定	相关规定
	《制裁规避执行意见》 1. 严格落实财产报告制度。对于被执行人未按执行通知履行法律文书确定义务的，执行法院应当要求被执行人限期如实报告财产，并告知拒绝报告或者虚假报告的法律后果。对于被执行人暂时无财产可供执行的，可以要求被执行人定期报告。 **《执行案件期限规定》** **第四条** 承办人应当在收到案件材料后3日内向被执行人发出执行通知书，通知被执行人按照有关规定申报财产，责令被执行人履行生效法律文书确定的义务。 被执行人在指定的履行期间内有转移、隐匿、变卖、毁损财产等情形的，人民法院在获悉后应当立即采取控制性执行措施。

财产调查规定	相关规定
第四条　【报告财产令的内容】报告财产令应当载明下列事项： （一）提交财产报告的期限； （二）报告财产的范围、期间； （三）补充报告财产的条件及期间； （四）违反报告财产义务应承担的法律责任； （五）人民法院认为有必要载明的其他事项。 报告财产令应附财产调查表，被执行人必须按照要求逐项填写。	**《执行程序解释》** **第三十一条**　人民法院依照民事诉讼法第二百一十七条规定责令被执行人报告财产情况的，应当向其发出报告财产令。报告财产令中应当写明报告财产的范围、报告财产的期间、拒绝报告或者虚假报告的法律后果等内容。
第五条　【财产报告范围】被执行人应当在报告财产令载明的期限内向人民法院书面报告下列财产情况： （一）收入、银行存款、现金、理财产品、有价证券； （二）土地使用权、房屋等不动产；	**《执行程序解释》** **第三十二条第一款、第二款**　被执行人依照民事诉讼法第二百一十七条的规定，应当书面报告下列财产情况： （一）收入、银行存款、现金、有价证券； （二）土地使用权、房屋等不动产；

财产调查规定	相关规定
（三）交通运输工具、机器设备、产品、原材料等动产； （四）债权、股权、投资权益、基金份额、信托受益权、知识产权等财产性权利； （五）其他应当报告的财产。 被执行人的财产已出租、已设立担保物权等权利负担，或者存在共有、权属争议等情形的，应当一并报告；被执行人的动产由第三人占有，被执行人的不动产、特定动产、其他财产权等登记在第三人名下的，也应当一并报告。 被执行人在报告财产令载明的期限内提交书面报告确有困难的，可以向人民法院书面申请延长期限；申请有正当理由的，人民法院可以适当延长。	（三）交通运输工具、机器设备、产品、原材料等动产； （四）债权、股权、投资权益、基金、知识产权等财产性权利； （五）其他应当报告的财产。 被执行人自收到执行通知之日前一年至当前财产发生变动的，应当对该变动情况进行报告。

财产调查规定	相关规定
第六条　【财产报告期间】被执行人自收到执行通知之日前一年至提交书面财产报告之日，其财产情况发生下列变动的，应当将变动情况一并报告： （一）转让、出租财产的； （二）在财产上设立担保物权等权利负担的； （三）放弃债权或延长债权清偿期的； （四）支出大额资金的； （五）其他影响生效法律文书确定债权实现的财产变动。	
第七条　【补充报告财产义务】被执行人报告财产后，其财产情况发生变动，影响申请执行人债权实现的，应当自财产变动之日起十日内向人民法院补充报告。	**《执行程序解释》** **第三十三条**　被执行人报告财产后，其财产情况发生变动，影响申请执行人债权实现的，应当自财产变动之日起十日内向人民法院补充报告。

财产调查规定	相关规定
第八条 【财产报告的核实程序】对被执行人报告的财产情况，人民法院应当及时调查核实，必要时可以组织当事人进行听证。 申请执行人申请查询被执行人报告的财产情况的，人民法院应当准许。申请执行人及其代理人对查询过程中知悉的信息应当保密。	**《执行程序解释》** **第三十四条** 对被执行人报告的财产情况，申请执行人请求查询的，人民法院应当准许。申请执行人对查询的被执行人财产情况，应当保密。 **第三十五条** 对被执行人报告的财产情况，执行法院可以依申请执行人的申请或者依职权调查核实。
第九条 【不履行报告义务的法律责任】被执行人拒绝报告、虚假报告或者无正当理由逾期报告财产情况的，人民法院可以根据情节轻重对被执行人或者其法定代理人予以罚款、拘留；构成犯罪的，依法追究刑事责任。 人民法院对有前款规定行为之一的单位，可以对其主要负责人或者直接责任人员予以罚款、拘留；构成犯罪的，依法追究刑事责任。	**《民事诉讼法》** **第二百四十一条** 被执行人未按执行通知履行法律文书确定的义务，应当报告当前以及收到执行通知之日前一年的财产情况。被执行人拒绝报告或者虚假报告的，人民法院可以根据情节轻重对被执行人或者其法定代理人、有关单位的主要负责人或者直接责任人员予以罚款、拘留。 **《制裁规避执行意见》** 1. 严格落实财产报告制度。对于被执行人未按执行通知履行法律文书确定义务的，

财产调查规定	相关规定
	执行法院应当要求被执行人限期如实报告财产，并告知拒绝报告或者虚假报告的法律后果。对于被执行人暂时无财产可供执行的，可以要求被执行人定期报告。 15. 对规避执行行为加大民事强制措施的适用。被执行人既不履行义务又拒绝报告财产或者进行虚假报告、拒绝交出或者提供虚假财务会计凭证、协助执行义务人拒不协助执行或者妨碍执行、到期债务第三人提出异议后又擅自向被执行人清偿等，给申请执行人造成损失的，应当依法对相关责任人予以罚款、拘留。
第十条　【不履行财产报告义务的信用惩戒】被执行人拒绝报告、虚假报告或者无正当理由逾期报告财产情况的，人民法院应当依照相关规定将其纳入失信被执行人名单。	2017**《公布失信被执行人规定》** **第一条第（四）项**　被执行人未履行生效法律文书确定的义务，并具有下列情形之一的，人民法院应当将其纳入失信被执行人名单，依法对其进行信用惩戒： （四）违反财产报告制度的；

财产调查规定	相关规定
第十一条　【报告程序终结】 有下列情形之一的，财产报告程序终结： （一）被执行人履行完毕生效法律文书确定义务的； （二）人民法院裁定终结执行的； （三）人民法院裁定不予执行的； （四）人民法院认为财产报告程序应当终结的其他情形。 发出报告财产令后，人民法院裁定终结本次执行程序的，被执行人仍应依照本规定第七条的规定履行补充报告义务。 **适用指导** 本条是关于报告程序终结的规定。由于终结本次执行程序到底是否属于终结执行存在争议，因此本条第二款特别明确做了除外规定，即终结本次执行程序后财产报告程序依然有效。	**《执行程序解释》** **第三十二条第三款**　被执行人在报告财产期间履行全部债务的，人民法院应当裁定终结报告程序。

财产调查规定	相关规定
第十二条　【法院调查途径】被执行人未按执行通知履行生效法律文书确定的义务，人民法院有权通过网络执行查控系统、现场调查等方式向被执行人、有关单位或个人调查被执行人的身份信息和财产信息，有关单位和个人应当依法协助办理。 人民法院对调查所需资料可以复制、打印、抄录、拍照或以其他方式进行提取、留存。 申请执行人申请查询人民法院调查的财产信息的，人民法院可以根据案件需要决定是否准许。申请执行人及其代理人对查询过程中知悉的信息应当保密。	**《民事诉讼法》** **第二百四十二条**　被执行人未按执行通知履行法律文书确定的义务，人民法院有权向有关单位查询被执行人的存款、债券、股票、基金份额等财产情况。人民法院有权根据不同情形扣押、冻结、划拨、变价被执行人的财产。人民法院查询、扣押、冻结、划拨、变价的财产不得超出被执行人应当履行义务的范围。 人民法院决定扣押、冻结、划拨、变价财产，应当作出裁定，并发出协助执行通知书，有关单位必须办理。 **《行政诉讼法》** **第三十二条第一款**　代理诉讼的律师，有权按照规定查阅、复制本案有关材料，有权向有关组织和公民调查，收集与本案有关的证据。对涉及国家秘密、商业秘密和个人隐私的材料，应当依照法律规定保密。

财产调查规定	相关规定
	《刑事诉讼法》 **第四十六条** 辩护律师对在执业活动中知悉的委托人的有关情况和信息，有权予以保密。但是，辩护律师在执业活动中知悉委托人或者其他人，准备或者正在实施危害国家安全、公共安全以及严重危害他人人身安全的犯罪的，应当及时告知司法机关。 **《民事诉讼法解释》** **第四百八十五条** 人民法院有权查询被执行人的身份信息与财产信息，掌握相关信息的单位和个人必须按照协助执行通知书办理。 **《建立信息共享及网络查控机制的意见》** （二）公安部提供信息 1. 被告、被执行人身份信息。包括：姓名、曾用名、出生日期、户籍地、住址、公民身份号码、照片； 2. 诉讼保全被告的出入境证件信息。包括：姓名、性别、出生日期、所有证件种类名称、

财产调查规定	相关规定
	证件号码、照片； 3. 被执行人出入境证件及出入境信息。包括：姓名、性别、出生日期、所有证件种类名称、证件号码、照片、出入境时间、前往国家（地区）名称、登记联系电话； 4. 诉讼保全被告、被执行人车辆登记信息。包括：车辆车牌号、车辆品牌、型号、类型、车辆识别码、注册登记机关及注册日期、抵押权人、查封扣押机关名称、查封扣押文书名称。 5. 被执行人旅店住宿信息。包括：入住时间、退房时间、住宿旅馆名称、住宿旅馆地址、登记联系电话。 **《规范执行和金融机构协助执行的通知》** **一、第一款** 人民法院查询被执行人在金融机构的存款时，执行人员应当出示本人工作证和执行公务证，并出具法院协助查询存款通知书。金融机构应当立即协助办理查询事

财产调查规定	相关规定
	宜，不需办理签字手续，对于查询的情况，由经办人签字确认。对协助执行手续完备拒不协助查询的，按照民事诉讼法第一百零二条规定处理。 **《规范房地产执行与协助执行的通知》** **二、第一款、第二款** 人民法院对土地使用权、房屋实施查封或者进行实体处理前，应当向国土资源、房地产管理部门查询该土地、房屋的权属。 人民法院执行人员到国土资源、房地产管理部门查询土地、房屋权属情况时，应当出示本人工作证和执行公务证，并出具协助查询通知书。 **《查冻扣证券及结算资金通知》** **一、**人民法院、人民检察院、公安机关在办理案件过程中，按照法定权限需要通过证券登记结算机构或者证券公司查询、冻结、扣划证券和证券交易结算资金的，证券登记结算机构或者证券公司应当依法予以协助。

财产调查规定	相关规定
第十三条　【电子化查询效力】人民法院通过网络执行查控系统进行调查，与现场调查具有同等法律效力。 人民法院调查过程中作出的电子法律文书与纸质法律文书具有同等法律效力；协助执行单位反馈的电子查询结果与纸质反馈结果具有同等法律效力。	**《网络查冻存款规定》** **第一条第一款**　人民法院与金融机构已建立网络执行查控机制的，可以通过网络实施查询、冻结被执行人存款等措施。 **第四条第三款**　人民法院出具的电子法律文书、金融机构出具的电子查询、冻结等结果，与纸质法律文书及反馈结果具有同等效力。 **第五条**　人民法院通过网络查询、冻结、续冻、解冻被执行人存款，与执行人员赴金融机构营业场所查询、冻结、续冻、解冻被执行人存款具有同等效力。 **《与工商总局加强信息合作的通知》** **一、进一步加强信息合作** 1. 各级人民法院与工商行政管理机关通过网络专线、电子政务平台等媒介，将双方业务信息系统对接，建立网络执行查控系统，实现网络化执行与协助执行。

财产调查规定	相关规定
	3. 已建立网络执行查控系统的地区，可以通过该系统办理协助事项。 有关网络执行查控系统要求、电子文书要求、法律效力等规定，按照《最高人民法院关于网络查询、冻结被执行人存款的规定》（法释〔2013〕20号）执行。通过网络冻结、强制转让股权、其他投资权益的程序，按照本通知要求执行，但协助请求、结果反馈的方式由现场转变为通过网络操作。
第十四条　【关于搜查的一般规定】被执行人隐匿财产、会计账簿等资料拒不交出的，人民法院可以依法采取搜查措施。 人民法院依法搜查时，对被执行人可能隐匿财产或者资料的处所、箱柜等，经责令被执行人开启而拒不配合的，可以强制开启。	**《民事诉讼法》** **第二百四十八条**　被执行人不履行法律文书确定的义务，并隐匿财产的，人民法院有权发出搜查令，对被执行人及其住所或者财产隐匿地进行搜查。 采取前款措施，由院长签发搜查令。 **《民事诉讼法解释》** **第四百九十六条**　在执行中，被执行人隐匿财产、会计账簿等资料的，人民法院除可

财产调查规定	相关规定
	依照民事诉讼法第一百一十一条第一款第六项规定对其处理外，还应责令被执行人交出隐匿的财产、会计账簿等资料。被执行人拒不交出的，人民法院可以采取搜查措施。 **第四百九十七条** 搜查人员应当按规定着装并出示搜查令和工作证件。 **第四百九十八条** 人民法院搜查时禁止无关人员进入搜查现场；搜查对象是公民的，应当通知被执行人或者他的成年家属以及基层组织派员到场；搜查对象是法人或者其他组织的，应当通知法定代表人或者主要负责人到场。拒不到场的，不影响搜查。 搜查妇女身体，应当由女执行人员进行。 **第四百九十九条** 搜查中发现应当依法采取查封、扣押措施的财产，依照民事诉讼法第二百四十五条第二款和第二百四十七条规定办理。

财产调查规定	相关规定
	第五百条 搜查应当制作搜查笔录，由搜查人员、被搜查人及其他在场人签名、捺印或者盖章。拒绝签名、捺印或者盖章的，应当记入搜查笔录。 **《执行工作规定》** 30. 被执行人拒绝按人民法院的要求提供其有关财产状况的证据材料的，人民法院可以按照民事诉讼法第二百二十四条的规定进行搜查。 31. 人民法院依法搜查时，对被执行人可能存放隐匿的财物及有关证据材料的处所、箱柜等，经责令被执行人开启而拒不配合的，可以强制开启。
第十五条 【关于财产调查中传唤、拘传的一般规定】 为查明被执行人的财产情况和履行义务的能力，可以传唤被执行人或被执行人的法定代表人、负责人、实际控制人、直接责任人员到人民法院接受调查询问。	**《民事诉讼法》** **第一百零九条** 人民法院对必须到庭的被告，经两次传票传唤，无正当理由拒不到庭的，可以拘传。 **《民事诉讼法解释》** **第一百七十四条第二款** 人民法院对必须到庭才能查清

财产调查规定	相关规定
对必须接受调查询问的被执行人、被执行人的法定代表人、负责人或者实际控制人，经依法传唤无正当理由拒不到场的，人民法院可以拘传其到场；上述人员下落不明的，人民法院可以依照相关规定通知有关单位协助查找。	案件基本事实的原告，经两次传票传唤，无正当理由拒不到庭的，可以拘传。 **第一百七十五条** 拘传必须用拘传票，并直接送达被拘传人；在拘传前，应当向被拘传人说明拒不到庭的后果，经批评教育仍拒不到庭的，可以拘传其到庭。 **第四百八十四条** 对必须接受调查询问的被执行人、被执行人的法定代表人、负责人或者实际控制人，经依法传唤无正当理由拒不到场的，人民法院可以拘传其到场。 人民法院应当及时对被拘传人进行调查询问，调查询问的时间不得超过八小时；情况复杂，依法可能采取拘留措施的，调查询问的时间不得超过二十四小时。 人民法院在本辖区以外采取拘传措施时，可以将被拘传人拘传到当地人民法院，当地人民法院应予协助。

财产调查规定	相关规定
	《执行工作规定》 29. 为查明被执行人的财产状况和履行义务的能力，可以传唤被执行人或被执行人的法定代表人或负责人到人民法院接受询问。 **《建立信息共享及网络查控机制的意见》** **三、网络执行查控协作工作内容** **（三）协助查找被执行人** 最高人民法院向公安部提供被决定司法拘留的当事人（自然人）信息，并推送对应的加盖电子签章的拘留决定书及协助执行通知书，提供执行法院信息、案件承办人姓名及联系电话；公安机关及派出机构在日常执法过程中发现上述人员时，应及时通知人民法院。 人民法院应当及时将解除查控措施的当事人信息推送至公安部。 **《制裁规避执行意见》** 24. 加强与公安机关的协作查找被执行人。对于因逃避

财产调查规定	相关规定
	执行而长期下落不明或者变更经营场所的被执行人，各地法院应当积极与公安机关协调，加大查找被执行人的力度。
第十六条　【特定动产的调查】人民法院对已经办理查封登记手续的被执行人机动车、船舶、航空器等特定动产未能实际扣押的，可以依照相关规定通知有关单位协助查找。 **适用指导** 车辆、船舶、飞行器等动产因其特殊性，法院查封之后有时无法实际控制该财产，需要有关部门协助采取技术手段进行查找。这里的有关单位，主要指的是公安部门。	**《联合惩戒备忘录》** **（二十四）**查询身份、护照、车辆财产信息；协助查找失信被执行人；限制出境；协助查封、扣押车辆； 协助查询反馈失信被执行人身份、护照信息及车辆财产信息；协助查找下落不明的失信被执行人；限制失信被执行人出境；协助查封、扣押失信被执行人名下的车辆。由公安部实施。 **《建立信息共享及网络查控机制的意见》** **三、网络执行查控协作工作内容** **（二）协助查找车辆** 最高人民法院向公安部提供加盖电子签章的查封车辆裁定书、协助执行通知书，提供执行法院信息、案件承办人姓名及联系电话。公安机关交管

财产调查规定	相关规定
	部门将上述车辆信息纳入车辆管理信息系统，限制其转让过户或新增抵押登记，在办理车辆年检、转移登记、执勤执法的过程中发现上述车辆的，应及时通知人民法院。
第十七条　【审计调查的启动】作为被执行人的法人或其他组织不履行生效法律文书确定的义务，申请执行人认为其有拒绝报告、虚假报告财产情况，隐匿、转移财产等逃避债务情形或者其股东、出资人有出资不实、抽逃出资等情形的，可以书面申请人民法院委托审计机构对该被执行人进行审计。人民法院应当自收到书面申请之日起十日内决定是否准许。	**《制裁规避执行意见》** 4. 适当运用审计方法调查被执行人财产。被执行人未履行法律文书确定的义务，且有转移隐匿处分财产、投资开设分支机构、入股其他企业或者抽逃注册资金等情形的，执行法院可以根据申请执行人的申请委托中介机构对被执行人进行审计。审计费用由申请执行人垫付，被执行人确有转移隐匿处分财产等情形的，实际执行到位后由被执行人承担。 **《广东省高院关于民事执行中调查、控制财产的规定》** **第十一条**　为查找被执行人的财产，申请执行人可以向人民法院提出审计被执行人财产状况的申请。人民法院应当在收到申请之日起3日内进行

财产调查规定	相关规定
	审查，决定受理的，应当在7日内作出决定，责令被执行人在指定的期限内向人民法院提交相关的财务帐册，逾期不提交的，人民法院应强制提取。 对被执行人财产状况进行强制审计的，必须同时符合下列条件： （一）被执行人不申报或者申报无财产，申请执行人又不能提供被执行人财产线索的，或者申报的财产不足以清偿生效法律文书确定的债务的； （二）被执行人为法人或者其他组织； （三）被执行人有相应的财务帐册资料； （四）申请执行人提出书面申请，并先行垫付审计费用。
第十八条　【审计机构的确定与审计资料的提取】人民法院决定审计的，应当随机确定具备资格的审计机构，并责令被执行人提交会计凭证、会计账簿、财务会计报告等与审计事项有关的资料。	**《民事诉讼法解释》** **第四百九十六条**　在执行中，被执行人隐匿财产、会计账簿等资料的，人民法院除可依照民事诉讼法第一百一十一条第一款第六项规定对其处理外，还应责令被执行人交出隐

财产调查规定	相关规定
被执行人隐匿审计资料的，人民法院可以依法采取搜查措施。	匿的财产、会计账簿等资料。被执行人拒不交出的，人民法院可以采取搜查措施。 **《执行工作规定》** 30. 被执行人拒绝按人民法院的要求提供其有关财产状况的证据材料的，人民法院可以按照民事诉讼法第二百二十四条的规定进行搜查。 31. 人民法院依法搜查时，对被执行人可能存放隐匿的财物及有关证据材料的处所、箱柜等，经责令被执行人开启而拒不配合的，可以强制开启。
第十九条　【不提交审计资料或其他不协助行为的法律责任】被执行人拒不提供、转移、隐匿、伪造、篡改、毁弃审计资料，阻挠审计人员查看业务现场或者有其他妨碍审计调查行为的，人民法院可以根据情节轻重对被执行人或其主要负责人、直接责任人员予以罚款、拘留；构成犯罪的，依法追究刑事责任。	**《民事诉讼法》** **第一百一十一条**　诉讼参与人或者其他人有下列行为之一的，人民法院可以根据情节轻重予以罚款、拘留；构成犯罪的，依法追究刑事责任： （一）伪造、毁灭重要证据，妨碍人民法院审理案件的； （二）以暴力、威胁、贿买方法阻止证人作证或者指使、贿买、胁迫他人作伪证的；

财产调查规定	相关规定
	（三）隐藏、转移、变卖、毁损已被查封、扣押的财产，或者已被清点并责令其保管的财产，转移已被冻结的财产的； （四）对司法工作人员、诉讼参加人、证人、翻译人员、鉴定人、勘验人、协助执行的人，进行侮辱、诽谤、诬陷、殴打或者打击报复的； （五）以暴力、威胁或者其他方法阻碍司法工作人员执行职务的； （六）拒不履行人民法院已经发生法律效力的判决、裁定的。 人民法院对有前款规定的行为之一的单位，可以对其主要负责人或者直接责任人员予以罚款、拘留；构成犯罪的，依法追究刑事责任。
第二十条　【审计费用的负担】审计费用由提出审计申请的申请执行人预交。被执行人存在拒绝报告或虚假报告财产情况，隐匿、转移财产或者其他逃避债务情形的，审计费	**《制裁规避执行意见》** 4. 适当运用审计方法调查被执行人财产。被执行人未履行法律文书确定的义务，且有转移隐匿处分财产、投资开设分支机构、入股其他企业或者

财产调查规定	相关规定
用由被执行人承担；未发现被执行人存在上述情形的，审计费用由申请执行人承担。	抽逃注册资金等情形的，执行法院可以根据申请执行人的申请委托中介机构对被执行人进行审计。审计费用由申请执行人垫付，被执行人确有转移隐匿处分财产等情形的，实际执行到位后由被执行人承担。
第二十一条　【公告悬赏制度】被执行人不履行生效法律文书确定的义务，申请执行人可以向人民法院书面申请发布悬赏公告查找可供执行的财产。申请书应当载明下列事项： （一）悬赏金的数额或计算方法； （二）有关人员提供人民法院尚未掌握的财产线索，使该申请执行人的债权得以全部或部分实现时，自愿支付悬赏金的承诺； （三）悬赏公告的发布方式； （四）其他需要载明的事项。 人民法院应当自收到书面申请之日起十日内决定是否准许。	**《制裁规避执行意见》** 5. 建立财产举报机制。执行法院可以依据申请执行人的悬赏执行申请，向社会发布举报被执行人财产线索的悬赏公告。举报人提供的财产线索经查证属实并实际执行到位的，可按申请执行人承诺的标准或者比例奖励举报人。奖励资金由申请执行人承担。

财产调查规定	相关规定
第二十二条　【悬赏公告的内容与发布】人民法院决定悬赏查找财产的，应当制作悬赏公告。悬赏公告应当载明悬赏金的数额或计算方法、领取条件等内容。 悬赏公告应当在全国法院执行悬赏公告平台、法院微博或微信等媒体平台发布，也可以在执行法院公告栏或被执行人住所地、经常居住地等处张贴。申请执行人申请在其他媒体平台发布，并自愿承担发布费用的，人民法院应当准许。	**《广东省高院关于民事执行中调查、控制财产的规定》** **第十条第一款**　被执行人申报无财产或未申报财产以及申报的财产不足以清偿生效法律文书确定的债务的，申请执行人可以申请人民法院发布悬赏举报被执行人财产的公告。人民法院应当在收到申请书之日起3日内进行审查。同意发布的，应当在7日内在申请执行人指定的场所或者新闻媒体发布公告。 **第十条第二款**　悬赏举报申请应当以书面形式提出，悬赏举报申请书应当写明悬赏执行的内容、奖励条件、奖励数额或者比例和悬赏公告发布的场所或新闻媒体。
第二十三条　【财产线索的登记与保密】悬赏公告发布后，有关人员向人民法院提供财产线索的，人民法院应当对有关人员的身份信息和财产线索进行登记；两人以上提供相同财产线索的，应当按照提供线索的先后顺序登记。	

财产调查规定	相关规定
人民法院对有关人员的身份信息和财产线索应当保密，但为发放悬赏金需要告知申请执行人的除外。	
第二十四条　【悬赏金的领取】 有关人员提供人民法院尚未掌握的财产线索，使申请发布悬赏公告的申请执行人的债权得以全部或部分实现的，人民法院应当按照悬赏公告发放悬赏金。 悬赏金从前款规定的申请执行人应得的执行款中予以扣减。特定物交付执行或者存在其他无法扣减情形的，悬赏金由该申请执行人另行支付。 有关人员为申请执行人的代理人、有义务向人民法院提供财产线索的人员或者存在其他不应发放悬赏金情形的，不予发放。	**《制裁规避执行意见》** 5. 建立财产举报机制。执行法院可以依据申请执行人的悬赏执行申请，向社会发布举报被执行人财产线索的悬赏公告。举报人提供的财产线索经查证属实并实际执行到位的，可按申请执行人承诺的标准或者比例奖励举报人。奖励资金由申请执行人承担。 **《广东省高院关于民事执行中调查、控制财产的规定》** **第十条第三款**　悬赏举报的奖金由申请执行人负担，人民法院从应当发还申请执行人的执行案款中优先支付，或者由申请执行人另行缴纳。发布悬赏举报公告的费用，由申请执行人先行垫付，由被执行人承担。

财产调查规定	相关规定
第二十五条　【执行人员的保密义务】执行人员不得调查与执行案件无关的信息，对调查过程中知悉的国家秘密、商业秘密和个人隐私应当保密。	**《民事诉讼法》** **第六十八条**　证据应当在法庭上出示，并由当事人互相质证。对涉及国家秘密、商业秘密和个人隐私的证据应当保密，需要在法庭出示的，不得在公开开庭时出示。 **《刑事诉讼法》** **第五十二条第三款**　对涉及国家秘密、商业秘密、个人隐私的证据，应当保密。 **《民事诉讼法解释》** **第一百零三条第三款**　涉及国家秘密、商业秘密、个人隐私或者法律规定应当保密的证据，不得公开质证。 **《执行工作规定》** 28. 申请执行人应当向人民法院提供其所了解的被执行人的财产状况或线索。被执行人必须如实向人民法院报告其财产状况。 人民法院在执行中有权向被执行人、有关机关、社会团体、企业事业单位或公民个人，调查了解被执行人的财产状况，

财产调查规定	相关规定
	对调查所需的材料可以进行复制、抄录或拍照，但应当依法保密。 **《财产保全规定》** **第十二条** 人民法院对查询到的被保全人财产信息，应当依法保密。除依法保全的财产外，不得泄露被保全人其他财产信息，也不得在财产保全、强制执行以外使用相关信息。
第二十六条 【溯及力的规定】 本规定自2017年5月1日起施行。 本规定施行后，本院以前公布的司法解释与本规定不一致的，以本规定为准。	

图书在版编目（CIP）数据

最高人民法院执行最新司法解释适用指导与条文对照／中国行为法学会执行行为研究会编著．—北京：中国法制出版社，2017.8

ISBN 978－7－5093－8776－4

Ⅰ．①最…　Ⅱ．①中…　Ⅲ．①法院－执行（法律）－法律规范－法律解释－中国　Ⅳ．①D926.25

中国版本图书馆CIP数据核字（2017）第206488号

策划编辑　陈兴（cx_legal@163.com）

责任编辑　陈兴　赵宏　　　　封面设计　蒋怡

最高人民法院执行最新司法解释适用指导与条文对照

ZUIGAORENMINFAYUAN ZHIXING ZUIXIN SIFA JIESHI SHIYONG ZHIDAO YU TIAOWEN DUIZHAO

编著/中国行为法学会执行行为研究会

经销/新华书店

印刷/三河市紫恒印装有限公司

开本/880毫米×1230毫米　32开　　　　印张/10.25　字数/135千

版次/2017年9月第1版　　　　2017年9月第1次印刷

中国法制出版社出版

书号 ISBN 978－7－5093－8776－4　　　　定价：49.00元

北京西单横二条2号　　　　值班电话：66026508

邮政编码 100031　　　　传真：66031119

网址：http://www.zgfzs.com　　　　**编辑部电话：66010405**

市场营销部电话：66033393　　　　**邮购部电话：66033288**

（如有印装质量问题，请与本社编务印务管理部联系调换。电话：010－66032926）